GRAN ENCICLOPEDIA DEL DISPARATE

3

J. L. Rodríguez Plasencia

GRAN ENCICLOPEDIA DEL DISPARATE 3

Las «perlas» estudiantiles más divertidas

temas de hoy.

Paseo de Recoletos, 4. 28001 Madrid
Diseño de cubierta: Jorge Gil Cerracín
Ilustración de cubierta e interior: Javier Olivares
Primera edición: mayo de 2001
ISBN: 84-8460-130-7
Depósito legal: M-16.129-2001
Compuesto en J. A. Diseño Editorial, S. L.
Impreso en: Lavel, S. A.
Printed in Spain–Impreso en España

ÍNDICE

EL CLIMA, LOS OCÉANOS Y OTROS ASUNTOS DE GEOGRAFÍA

«COSILLAS» DE LA HISTORIA ANTIGUA Y MEDIEVAL

REYES, GUERRAS Y DEMÁS DE LA HISTORIA MODERNA

HISTORIA CONTEMPORÁNEA: DE LA ILUSTRACIÓN A JUAN CARLOS I

LOS NIÑOS DE LA SEGUNDA ETAPA (ESO QUE LLAMAN «E.S.O.»)

LOS MÁS PEQUEÑOS (PRIMARIA)

A mis compañeros de profesión,
los sufridores de la enseñanza.

PRESENTACIÓN

Ofrezco a los curiosos lectores el tercero —y tal vez último— de los tomos de la GRAN ENCICLOPEDIA DEL DISPARATE. Y digo último porque mi jubilación profesional está prácticamente a la vuelta de la esquina y en los tres cursos que me restan no creo que recopile disparates suficientes como para una cuarta entrega.

En la dedicatoria hago referencia a los maestros como *sufridores*. Y no aludo con ello a los que participan en alguno de los múltiples concursos «seudoculturales» que tanto proliferan en los canales de esa *caja que atonta* —no caja tonta— que es la televisión.

Los maestros —y también los profesores de enseñanzas medias— somos auténticos sufridores, sí. La desgana de nuestros alumnos, su poca o ninguna atención en clase y, en mayor grado, su indisciplina en las aulas, nos han llevado a un estado de tensión tal que, más que docentes, parecemos carceleros expuestos a un motín cuando menos nos lo esperamos.

No voy a entrar ahora a analizar en profundidad las causas que nos han llevado a esta situación.

Para ello están los sociólogos. Aunque tal vez —desde mi punto de vista— todo se deba a la falta de valores que nuestra actual sociedad consumista está inculcando en los adolescentes. Se ha perdido el respeto por cuanto antes eran normas comunes de convivencia. Se pierde el respeto a los mayores, a los padres... ¿Cómo no se va a perder también a los enseñantes, que somos unos auténticos *coñazos* para ellos? Les forzamos a trabajar, reprendemos sus actitudes de indiferencia hacia todo aquello que signifique esfuerzo, sacrificio... ¿Van a mirarnos con buenos ojos? Los jóvenes actuales tienen de todo. Sus padres les ofrecen cuanto pueda brindar nuestra sociedad de consumo (hasta móviles llevan ya muchos de nuestros escolares a las aulas) y les satisfacen —además— sus necesidades más perentorias, como son la comida, el vestido —de marca, porque si no no vale— y el dinero para sus caprichos. ¿Cómo van a saber lo que es sacrificio? Y ello les lleva a ser indisciplinados, también, por lo mismo; porque no admiten que alguien pueda poner en peligro su estatus de niños arrellanados en la molicie y el descaro. Molicie y descaro que —por desgracia— están adoptando alumnos que hasta hace poco eran buenos estudiantes.

Lo triste de todo esto —aparte de la sociedad de inútiles e incultos que se está creando— es que muchos profesores —por no decir la mayoría— sentimos que una amarga sensación de fracaso está invadiendo nuestra vida personal. ¿De qué nos sirven los cursillos de perfeccionamiento? ¿Para qué buscar material audiovisual que haga más amena nuestra explicación? ¿Para qué esforzarnos en preparar resúmenes, croquis y cuantos otros medios creamos más convenientes para que el estudio resulte menos penoso a los chicos? Para nada. Todo resulta inútil cuando los destinatarios de esos esfuerzos nos miran desde su perspectiva de ingenuos consumidores enraizados en el disfrute —puro y simple— de los ¿valores? que esta sociedad que hemos creado entre todos les ofrece.

Por eso, la solución no está únicamente en las reformas educativas... Hay que cambiar antes los actuales valores de la sociedad. Sólo así nuestra enseñanza secundaria volverá a tener el prestigio y los niveles que antaño tuviera, muy superiores a los de Francia o Estados Unidos, por ejemplo.

Por todo ello, y si este estado de cosas no varía —amárrense los machos—, no sería nada extraño que encontrásemos en nuestras aulas —¿o los tenemos ya?— alumnos como aquel Lucas Prada y Regato que el poeta festivo Ramón López Montenebro retrató en su famoso examen de Historia. (Por cierto, este examen debería leerse y comentarse obligatoriamente en *todas* las aulas de España y parte del extranjero como muestra de antiexamen. Si yo no lo he hecho aún ha sido porque lo desconozco en su totalidad. ¿Puede alguien facilitármelo?).

Como respuesta a la pregunta del profesor, sobre quién había sido Viriato, el mentado y nunca olvidado bachiller Regato, repuso que fue

un monarca anglosajón
hijo del gran Cicerón
y de la bella Friné

que, por cierto trabajito que le había hecho el Califa, le dio

...un trono fenicio
que le tocó en una rifa

y que obsequió a Boabdil (el llorón)

en los campos de Montiel
con una casa-cuartel
para la Guardia Civil.

Pero este pobre Regato no llega a la altura de quienes han hecho posible este libro (los alumnos, claro) ¿o viceversa?

EL CLIMA, LOS OCÉANOS Y OTROS ASUNTOS DE GEOGRAFÍA

LA TIERRA

Definición y partes

• La Tierra es un planeta del sistema solar. Los otros planetas, son: Mercurio, *Martes* y *Ozonos*.

• Partes de la Tierra: el Sol y la Tierra, pues que la Tierra es redonda y el Sol es redondo y quema.

La atmósfera

a) *La troposfera*

• Está en el cielo o por allí cerca.

b) *La estratosfera*

• El ozono *absuelve* los rayos *violetas* del Sol.

La hidrosfera

• Las lluvias se producen cuando las nubes están gordas y no pueden ya con su peso.

La litosfera y las capas internas de la Tierra

• Las capas de la Tierra son: el relieve, la Tierra, el Sol y la Luna.

• La litosfera es una capa que cuando se chocan unas contra otras se transforman en roturas.

• Dentro de la Tierra hay dos capas de fuego. La capa que hay más dentro tiene más fuego y la que está más fuera tiene menos fuego. Por eso se *reproducen* los volcanes.

• La corteza terrestre está dividida en *plantas* tectónicas.

La formación de los continentes y los océanos

• Los océanos son fuentes subterráneas y los continentes son como costas, pero no son costas.

• EL OCÉANO PACÍFICO SE HALLA ENTRE EUROPA Y ASIA Y ENTRE ÁFRICA Y AMÉRICA, ALTERNATIVAMENTE.

EL RELIEVE DE LA TIERRA

Definición

• La Tierra no ha presentado siempre la misma forma. Ejemplo: donde antes había un *cachomontaña* ahora hay una montaña entera.

Las fuerzas internas de la Tierra

a) *Desplazamientos de la corteza*

• Son el viento, el aire, el agua y el hombre, que hace viento y se lleva las rocas.

b) *Los volcanes*

• Un volcán es como un agujero, por donde salen materiales con gran precipitación.

• Los materiales se salieron fuera de los volcanes porque sufrieron una gran *depresión* entre ellos.

c) *Los terremotos*

• Los terremotos se producen en la atmósfera o *tropósfera*.

La formación de las montañas

• Las montañas son una clase de cuevas con arena. Antes era tierra plana, pero cuando el volcán destruyó la Tierra se puso en forma de pico, es decir, de montaña.

• Las montañas se formaron hace ya demasiado tiempo.

Fuerzas internas y externas de la Tierra

• CUANDO SUBE MUCHA DISGREGACIÓN, SUBE MUCHA COMBUSTIÓN Y SE FORMAN MUCHAS NUBES.

• Cuando las placas tectónicas se chocan y se rompen en placas y en *tetónicas*.

• Las fuerzas de la Tierra son: terremotos, volcanes, *torremolinos*, etc.

• El viento es una especie de aire que cuando vas y hace mucho viento es malo y empieza a llover.

• Las fallas son fallos de la manta que tapa la Tierra, llamada placa tectónica.

La erosión por las aguas corrientes

• La función de los ríos es repartir el agua por el mundo.

EL CLIMA

Conceptos básicos

• LOS PRINCIPALES CLIMAS SON: EL EJE, EL ECUADOR Y EL MERIDIANO.

• El clima está templado o puede estar frío o caliente. Por esto está la Tierra un poco caliente.

• La latitud es un punto al Ecuador que cuando está en el Ecuador es la latitud. Es decir, la latitud es un punto que se va al Ecuador.

Los vientos

• La brisa costera sopla de la noche al día, y del día a la noche. Por tanto, la brisa costera sopla por la noche y por el día porque es brisa.

Las zonas climáticas de la Tierra

a) *El clima en las zonas ecuatoriales*

• Tienen temperaturas *moduladas*.

b) El *clima tropical monzónico*

- Aquí, las temperaturas dependen de lo que llueva.

c) El *clima de los desiertos cálidos*

- En este clima hay muchos fríos, aunque a veces hace calor, pero casi siempre está templado.

d) El *clima templado mediterráneo*

- Ocupa la mitad del Mediterráneo, aproximadamente.

e) El *clima templado oceánico*

- Ocupa una gran variedad de océanos *pacíficos* que en Asia han cruzado el océano. Tiene temperaturas lluviosas y la flora está entre dos bosques.

f) *Los climas fríos*

- Estos climas están en las zonas polares y en las montañas que terminan en pico.

LA POBLACIÓN

La evolución de la población mundial

- Hasta el siglo XII el crecimiento de la población no fue muy *bruto*, debido al hambre.

• Antiguamente la población era más rápida que ahora y en el siglo XIX se aceleró.

• En el siglo XIV la población fue lenta, debido a la comida que diezmaba a la población. Después ha aumentado por causa de países.

• Según los *enteradillos*, en el siglo 21 habrá en el mundo 6.000 habitantes.

• DURANTE EL NEOLÍTICO EL HOMBRE NO SE MOVIÓ DE SU SITIO.

• A partir del siglo XVII la población cogió un buen estado.

Los factores que influyen en la población

• Cada persona que influye en la tierra de un territorio es absoluta en ese territorio.

• Hace poco la población ha aumentado mucho gracias a las epidemias y al hambre.

• Los factores que influyen en la población están situados por el norte de África.

Conceptos demográficos

• Crecimiento vegetativo: donde se plantan alimentos.

• Índice de densidad son: las personas que nacen por cada *ano*.

La distribución de la población mundial

• Superpoblación es el terreno que carece de capacidad para alimentar al pueblo en que vive.

Los movimientos migratorios

• En el sector migratorio están las pieles, la leche, la carne, etc.

• Los movimientos migratorios son una especie de clima caliente.

La población y los sectores de actividad

• La población pasiva la forman los jubilados por edad de enfermedad.

• El sector primario ocupa a los trabajadores que trabajan sin que sufran transformación alguna.

- EL SECTOR PRIMARIO LO FORMAN AQUELLOS ALIMENTOS QUE SE OBTIENEN DEL SUELO, SUBSUELO O MAR.
- EL SECTOR SECUNDARIO CONVIERTE LO BRUTO EN COMIDA.

Las razas humanas

- Hay mezclas de distintas clases de *mezclas* de distintos tipos humanos.

- La gente que está más poblada es la de Europa.

La religión y las lenguas

a) *La religión*

- La mezcla con el medio ambiente ha dado lugar a las religiones.

b) *Las lenguas*

- EN EL MUNDO HAY MUCHAS LENGUAS, PERO SÓLO DOS SON IMPORTANTES: LA DE LOS ANIMALES Y LA DE LAS PERSONAS.

- Las lenguas más pobladas son el francés, el inglés y el español.

LA AGRICULTURA, LA GANADERÍA Y LA PESCA

Los orígenes

• Neolítico participó en la ganadería y pesca con su presencia.

• Los animales se empezaron a domesticar con los nómadas y los salvajes.

La agricultura y los factores físicos

• Ahora se han inventado abonos químicos para dar de comer a las cosechas.

• La agricultura ha ido progresando del Neolítico hasta los invernaderos. Los alimentos más antiguos son los cereales, como la patata, que se ha extendido por el mundo.

La agricultura tradicional y la agricultura moderna

• Hoy cogen a las vacas, les ponen unos agujeros en las tetas y ya dan leche.

• El hombre, desde hace mucho tiempo, ha padecido la agricultura.

• La máquina que hace que los bichos no se coman las cosechas se llama «insecticida».

Los cereales y otros cultivos

• Durante este último siglo la agricultura ha puesto en revolución a las cosechas.

• CON EL TRIGO SE HACE EL ARROZ, LOS ROLLITOS DE PRIMAVERA, LAS PIZZAS, ETC.

• El trigo es el factor físico de la agricultura.

La ganadería moderna

• La ganadería ha disminuido a causa de la enfermedad de los animales y del hombre.

• Hace años el hombre iba a donde estaban los animales, los mataba y hacía con ellos carne, huevos y leche.

• Hay animales que dan alimentos como el tocino, la morcilla, la lana, el cuero, etc.

La pesca

• La población de ganadería de la pesca está en la *bajadura*

• Zonas *banqueras*: se pesca con los canarios y saharianos.

LAS MATERIAS PRIMAS Y LAS FUENTES DE ENERGÍA. LA INDUSTRIA

Las materias primas

• Las materias primas metálicas son de origen animal o vegetal.

Las fuentes de energía

• El carbón da electricidad y el petróleo la produce.

• En las centrales *orgánicas* se utiliza el carbón quemándolo y en las nucleares la fisión del *otoño*.

• La energía *mezquina* la producen las mareas.

• El viento se produce en las centrales nucleares.

• UNA CLASE DE ENERGÍA ES LA ENERGÍA TURÍSTICA.

La industria y sus tipos

• La industria perjudica a algunos productos, como la salud.

EL COMERCIO MUNDIAL Y LOS TRANSPORTES

Los transportes y las comunicaciones

• Los transportes pueden ser por teléfono, por carta, por hablar, etc.

• ANTES, EN LA PREHISTORIA, DE TRANSPORTES, EL ANDAR. AHORA HAY TRANSPORTES Y COMUNICACIONES.

Las comunicaciones y la banca

• La banca es el mejor trabajo que se paga con tarjetas de crédito.

• La banca es una bolsa llena de dinero que la banca da al banco de vez en cuando.

El comercio en los países capitalistas

• Es partidario de los servicios públicos.

- A él pertenece la Comunidad *Eólica* Europea.

- El comercio es una especialidad del Estado.

GEOGRAFÍA FÍSICA Y POBLACIÓN DE ESPAÑA

El relieve

- El relieve está formado por una meseta en el centro. Lo demás es relieve.

- El relieve es un gran terreno que se encuentra dentro de la Península.

- Montañas que rodean a la meseta: Castilla y León y Andalucía.

- El relieve español es muy *nervioso* e intranquilo.

Los ríos

- Los ríos españoles están formados por dos ríos españoles: la depresión del Ebro y la Sierra *de* Morena.

- En España los ríos se pueden mejorar.

• Al Ebro lo cubren los montes de León, País Vasco, etc.

• Los ríos cantábricos son cortos porque nacen en el mar.

• EN ESPAÑA CADA RÍO VA DE SU FORMA.

• España tiene como afluente al Sil y el Sil como afluente al Nervión. El N*iño* también tiene como afluente al Nervión y el Nervión de afluente al N*ailón*.

Las vertientes hidrográficas de España

• Estas vertientes andan por Castilla y por León.

• La vertiente cantábrica tiene ríos cortos por su proximidad a las montañas de donde nace el mar.

• La España seca necesita agua para no quedarse seca. Y como hay una España lluviosa, a la que le sobra agua, se la da a la seca.

Los climas

a) *Clima atlántico*

• En este clima las lluvias son secas.

• En el interior de España hay poca vegetación porque hay muchos coches.

b) *Clima mediterráneo*

• Tiene inviernos de agua fría.

c) *Clima interior*

• El clima interior es España y comprende todas las cosas climáticas del mundo. Por eso el clima interior comprende todos los países.

La población

• En España hay una población extensa y otra *concertada*.

• En Madrid hay 75 kilómetros cuadrados *omás* kilómetros cuadrados que puede haber para la población.

• ESPAÑA TIENE 47 HABITANTES Y UNA DENSIDAD DE 75.

Los tipos de poblamiento

• La densidad de otras regiones es menor que la de Madrid, que está a la temperatura de la media nacional.

• Los tipos migratorios o poblamientos de España son: tipos *imaginados* (Madrid y América) y tipos *compuestos* (Valencia y León).

• Los poblamientos ocurren porque viendo al paro venir la gente se va a las ciudades.

Movimientos migratorios

• Los españoles emigraron a América en busca de la tierra prometida.

• Los movimientos migratorios españoles son de rotación y de *trasladación*.

La economía

• Está formada por el Gobierno y el Estado, que se ocupan de todo.

• La economía es partidaria del Estado.

GEOGRAFÍA FÍSICA, HUMANA Y ECONÓMICA DE EUROPA

Las costas

• El cabo de M*azapán* está en Grecia.

• Las costas de Europa son muy caudalosas y muy extensivas, por eso tienen una característica muy intensiva.

El relieve

• El relieve del sur es de formas *virgorosas* y muy distinguido (Pirineos).

• El relieve de Europa es bastante deficitario en llanuras. Por eso las hortalizas no se ponen robustas.

• El relieve de Europa es espontáneo y hay tres montañas salpicadas de viejos macizos.

• Los montes Urales separan Asia de América.

• Las principales unidades de relieve europeo son:

* El relieve europeo continental, que desemboca en el mar Caspio.

* El relieve europeo atlántico, que desemboca junto al mar Tíber con el mar Cáucaso.

Ríos y lagos

a) *Los ríos*

• En Europa hay muchos ríos, como el Rhin, que pasa por el Tajo.

• Los ríos son largos y los lagos son menos largos que los ríos.

• El río más importante de Europa es el Mediterráneo, al sur.

b) *Los lagos*

• Los lagos se forman cuando son más grandes que los ríos.

Vertientes hidrográficas

• En Europa los mares son navegables.

• El Mar Negro es caudaloso, el océano Atlántico es largo y poco caudaloso y el mar Mediterráneo es caudaloso y largo.

• Los ríos mediterráneos son secos por la escasez de *preocupaciones*.

El clima atlántico

• En Europa se dan precipitaciones vegetales muy abundantes.

• El clima atlántico tiene una densidad de masa, por lo que tiene más frío en invierno que en verano.

• EL CLIMA ATLÁNTICO ES NORMAL, PORQUE HACE FRÍO O CALOR SEGÚN CONVENGA.

El clima mediterráneo

• Este clima es muy denso, porque tiene climas muy flojos, como por ejemplo el Miño.

• El clima mediterráneo no es muy bueno, porque tiene unas nubes muy malas.

El clima continental

• El clima continental tiene una temperatura más que el mediterráneo y una *casualidad* mayor que la del polar.

• El norte de Europa está bañado por montes viejos.

• La estepa tiene espíritu de pobreza.

La población

• En Europa la gente se siente muy bien y por eso es un continente muy *asentable*.

• La población de Europa es más grande que la de España.

Razas, lenguas y religiones

a) *Razas*

• LA RAZA QUE MÁS SE DA EN EUROPA ES LA EUROPEA.

• En Europa hay muchas clases de razas. La raza humana es la que tiene más religiones que las demás.

b) *Lenguas*

• En Europa hay tres lenguas diferentes, como la lengua europea, la *romántica* y la lengua mediterránea.

c) *Religiones*

• En Europa las religiones son blancas e internacionales.

• Hay muchas clases de religiones: las religiones antiguas, las religiones francesas y las religiones agropecuarias. También hay religiones modernas.

Principales producciones

• La ganadería se practica de dos formas: interina y *exterina*.

• De la agricultura sale la lechuga y de la ganadería sale el algodón, el papel, etc.

• En la agricultura tenemos a *Cerealista*, es decir, a *Cereales*.

La CEE

• La CEE se creó en 1856 antes de Cristo en *Unavers*.

• LA CEE ES UNA EMPRESA DE CONSTRUCCIÓN.

Los servicios

• Hay muchas clases de servicios: los de telecomunicaciones (que son los que comunican los servicios que necesitas en las telecomunicaciones) y los de transmisión (que son los que transmiten algo a alguien o a una persona una cosa).

GEOGRAFÍA FÍSICA, HUMANA Y ECONÓMICA DE AMÉRICA

Las costas

a) *De América del Norte*

- América empieza en América y termina en los montes Urales.

- En las costas de América del Norte hay de todo.

b) *De América Central*

- Las costas de América Central están en América normalmente.

c) *De América del Sur*

- Va desde el istmo de Panamá hasta el H*orno de los* Bollos.

El relieve

a) *De América del Norte*

- Las montañas jóvenes no están repartidas por océanos, pero sí por países.

• LOS DESIERTOS ESTÁN DESIERTOS, PERO GRACIAS A LA OCUPACIÓN HUMANA ESTÁN FLORECIENDO MUCHO.

• Lo más importante son los relieves de América, que para eso están en América. Pero no quiere decir que los otros relieves no sean importantes, porque lo son. Pero los de América son mejores.

b) *De América Central*

• Las llanuras centrales tienen dos subcontinentes americanos en la zona templada de clima sólido o líquido según la estación.

• Los mexicanos tienen una Sierra *madre*.

c) *De América del Sur*

• En América del Sur se obtienen montañas *rocosas*.

• Las llanuras orientales se extienden por todo el Sur.

La hidrografía

a) *De América del Norte*

• Hay toda clase de lagos y por supuesto de ríos. La mayor parte de los ríos están en ciudades como Brasil. Pero la mayor parte de los lagos están en campos y pueblos.

b) *De América Central*

- En América Central los ríos son de secano.

c) *De América del Sur*

- En América del Sur hay ríos y lagos de gran calidad.

- En el sur de América hay lagos y ríos, como en todas las partes.

- Los lagos de América son como riachuelos poco caudalosos.

Los climas

a) *De América del Norte*

- Los paisajes desembocan en el mar Mediterráneo con el estrecho de Gibraltar.

b) *De América Central*

- El clima atlántico es donde está el Mar Negro y es un clima pacífico al Sur.

c) *De América del Sur*

• AMÉRICA DEL SUR NO TIENE CLIMAS, QUE YO SEPA.

La población de América

a) De *América anglosajona*

• Los anglosajones tienen una reproducción lenta: 240 habitantes.

• Tanto Estados Unidos como Canadá son grandes trabajadores de la población, en granjas, agricultura, etc. Por eso son los mayores centros industriales del mundo.

b) De *Iberoamérica*

• La población aquí es cada vez más grande, porque mueren más de cada vez.

Razas, lenguas y religiones

a) De *la América anglosajona*

— *Razas*

• En América hay muchas razas, como la raza humana.

— *Lenguas*

• El francés se habla en Francia y en otros países como París, donde está la torre *infiel*.

— *Religiones*

• En América aumentan las religiones protestantes, aunque también hay gran número de religiones católicas.

b) *De Iberoamérica*

— *Razas*

• LA RAZA QUE MENOS SE VE ES LA NEGRA.

• Las razas en América tienen dos colores: blanco y negro.

— *Lenguas*

• La lengua más hablada es el castellano. Luego, más cerca está el inglés y más lejos el portugués.

— *Religiones*

• En Iberoamérica hay tres *confusiones* religiosas: católica, protestante y religiosa.

• Hay muchas religiones católicas que se pueden llamar también protestantes.

La economía y la industria

a) *De la América anglosajona*

• La ganadería es mecánica y por eso está muy mecanizada.

• La industria americana es muy alta y ha crecido mucho en los últimos años.

b) *De Iberoamérica*

• Los regadíos necesitan agua de lluvia y del hombre.

• La industria está helada y en verano está cubierta por una *penetración* herbácea.

• LA INDUSTRIA DE IBEROAMÉRICA SE HA INDEPENDIZADO DEL PAÍS.

• En Iberoamérica la agricultura está hecha de comida, como el trigo.

El clima y la vegetación

a) *De la América anglosajona*

• En Alaska hay nieve y eso es natural, y en Canadá hay sol y muchos *pisnis*.

b) *De Iberoamérica*

• La vegetación de los países desérticos es que no tienen vegetación.

ÁFRICA

Las costas

• El mar Mediterráneo tiene playas en la parte oriental y montañas en la occidental.

• África está separada del norte de Asia por el estrecho de Gibraltar.

• Las costas del océano Atlántico son poco *recomendadas* porque tienen erosiones y terremotos.

• Las costas son pequeñas porque hace mucho calor.

El relieve

• África tiene una forma amontonada.

• Las llanuras se extienden por el clima mediterráneo y pasa por el río Tajo. Son normales o seminormales y más recortadas que las costas.

La hidrografía

• Los ríos africanos son cada vez más escandalosos.

• EL NILO ES EL RÍO MÁS BRAVO DEL MUNDO.

Los climas

• El clima es seco y en alimentación es de matorrales y arbustos.

• África está cruzada por el ecuador, por el Sol y por el aire, y por eso tiene un clima *trompical*.

• EN ÁFRICA LLUEVE EN TODAS LAS DIRECCIONES.

La población

• África está poco poblada debido al consumo de esclavos que hubo desde los romanos.

• África tiene muy poca jubilación.

• En África hay pueblos y ciudades, igual que en Asia, América, etc.

Las razas

• Europa es como la línea que separa a la raza blanca de la negra en África.

Las lenguas

• En la parte más oculta de la selva se han detectado algunas lenguas como el inglés o el español de los nativos.

• En África se habla el árabe, con sus miles de *diástoles*.

Las religiones

• Las religiones en África no son buenas, pero ahora ya son mejores por los misioneros.

• TAMBIÉN EN LOS TIEMPOS MODERNOS SE LE PRACTICA LA RELIGIÓN A LOS MISIONEROS.

• En África Negra tienen algunas religiones independientes.

Las culturas

• El sudanés y el bantú son las mejores religiones de África.

La economía y las áreas económicas

• En África no hay muchos transportes porque no hay fábricas especializadas en transportes.

• África es muy rica; lo que pasa es que no sabe utilizar el dinero que gana.

ASIA

Las costas

• ASIA ES UNA GRAN PENÍNSULA, AUNQUE PAREZCA UNA ISLA.

• Asia se divide en tres partes: la del norte y la del sur. Asía está situada al norte.

El relieve

• El relieve de Asia se distribuye en subdesarrollados y *enrollados*.

• Las llanuras cubren casi todo el planeta Asia.

• Las depresiones se forman cuando coge el suelo demasiada energía y la tierra tiene que expulsar en forma de depresión. O lo que es lo mismo, *volcanizándola* o por lava.

• Las depresiones son que algunas personas no tienen comida.

• El sistema montañoso mayoritario en Asia es el monzónico precipitado.

• El relieve asiático tiene una gran *endiendura* de climas, pero el relieve meridional tiene más.

La hidrografía

• Los ríos del Ártico son llanos, con precipitaciones rectilíneas.

• Los ríos siberianos siguen su propia dirección.

• Los ríos son todos como el monzónico y sufren pocos *ascidentes* a lo largo del año.

Los climas

• El clima templado tiene temperaturas elevadas en vegetación.

• En el clima monzónico las temperaturas tienen una gran *vacilación*.

• El clima índico se caracteriza por dos climas. Arabia y Japón.

• El clima continental de Asia tiene forma de relieve,

La población

• La población es muy densa, ya que tiene un número normal de habitantes.

• La población de Asia es progresista, pero muy lenta.

Las religiones

• En Asia se dan todas las religiones. Se ha hecho la protestante y ahora están ensayando el budismo.

• En Asia se practican como religiones el *confusionismo* y el *hundismo*.

• La religión más hablada en Asia es el chino.

Las culturas

• La cultura de regadío: su cosecha no es de exportación en verano, aunque en invierno da algo más.

La economía

• Los países de mayor potencial industrial tienen una industria avanzada y *divertida*.

• En China hay una gran plantación de alimentos sólidos.

• EL PAISAJE ASIÁTICO DESEMBOCA EN EL MAR ATLÁNTICO CON LOS RÍOS JUAN JO Y CÁUCASO.

Las áreas económicas

• La industria asiática es bastante *abalanzada*, sobre todo en Japón.

OCEANÍA

Los climas

• EN AUSTRALIA SE DAN LOS CLIMAS CATÓLICO, TROPICAL, ECUATORIAL Y DESÉRTICO.

El medio físico

• Oceanía tiene recursos naturales, pero Australia y Nueva Zelanda sólo tienen economía.

• La hidrografía tiene menos temperatura en Oceanía que en las costas.

La población

• La población de Oceanía es muy pobre porque sólo hay 28 millones de personas por metro cuadrado.

• Oceanía tiene una población muy estructurada ya que la gente se preocupa en que quede bien y nadie se preocupa en romper las cosas porque les gusta que estén bien.

El relieve

• Cordillera Divisoria es la que se divisa.

• El relieve de Australia es muy favorable para todos.

Las costas

• Las costas de Oceanía son muy rígidas. La hidrografía también lo es, pero no es tan rígida como las costas, porque se mueven más.

La hidrografía

• En Oceanía hay muchos ríos y una costa está

rodeada como de piedras grandes u otras especies vegetales.

• La hidrografía de Oceanía es muy rica y por eso se extiende el frío por allí.

Los climas

• Oceanía es rica en precipitaciones y a veces en temperaturas.

• Oceanía es rica en climas que sólo vende a la comercial.

La economía

• La economía tiene unos tres habitantes de una densidad media de kilómetros cuadrados de superficie.

• La economía de Oceanía tiene 78 millones de habitantes por kilómetro cuadrado.

• La economía es muy alta, lo que quiere decir que no se puede comprar lo que sea caro.

• El comercio de Oceanía es rico en lanas, trigo y minerales, por lo que hace bienes a su equipo.

LA ANTÁRTIDA

El medio físico

• La Antártida está dividida en un Estado de vecinos.

• La Antártida está poco poblada porque tiene habitantes por kilómetro.

• La Antártida está dividida en el Estado *Vecino* y en el Estado del Hemisferio Norte.

Los climas y los paisajes naturales

• La Antártida tiene un clima de *calidad*: tropical y desértico.

• El clima templado se desarrolla en las selvas de las *abanas* ecuatoriales.

Los repartos territoriales

• La Antártida tiene buenos servicios marítimos; por eso quieren explotarla derritiendo todo el hielo para formar más agua y buenos servicios marítimos.

- En la Antártida los repartos territoriales tienen una densidad media.

- Según el acuerdo de 1961 en La Antártida no puede haber terrenos fijos, ni ir dos países distintos o iguales a la vez.

«COSILLAS» DE LA HISTORIA ANTIGUA Y MEDIEVAL

LA PREHISTORIA

El hombre prehistórico

• EL HOMBRE DE CRO-MAGNON SE PARECÍA AL ACTUAL, PERO CON MENOS ROPA Y MÁS SUCIO.

• El hombre de Cro-Magnon era un hombre que podía inventar piedras.

• El hombre de Neanderthal caminaba encorvado sobre sus pies.

• El hombre de Neanderthal era un poco curvo.

• Los hombres andaban *gorobados* sobre los mismos pies. Eran *monadas* y vivían de ganado y de hierbas.

• LOS PALEOLÍTICOS VIVÍAN AL AIRE Y ALGUNAS VECES SE REUNÍAN EN GRUPOS PARA IR A PASEAR A LA ORILLA DEL RÍO.

• Estos hombres comían peces y caldos raros.

El Paleolítico

• El Paleolítico era igual que el Neolítico, pero con abrigos.

• El Paleolítico abarca desde la primera aparición del hombre.

• El Paleolítico comenzó desde que salió el hombre.

La vida en el Paleolítico

• En el Paleolítico la piedra era una industria nacional.

• En esta fecha el hombre practicaba el *movidismo*.

• Los hombres del Paleolítico cultivaban huesos de astas y piedras para poder fabricar alimentos.

• En esa época ya sabían hacer sus propios alimentos y cogerse su comida propia. Luego adivinaron el fuego golpeando piedras. Con el fuego adivinaron que la comida estaba más rica y aprendieron a cocinar.

El arte en el Paleolítico

• A las mujeres las pintaban con culos y con tetas.

La vida en el Neolítico

• LOS HOMBRES DEL NEOLÍTICO LLEVABAN YA PANTALONES CORTOS, PERO LAS MUJERES NO; LAS MUJERES LLEVABAN MINIFARDAS.

• Los del Neolítico descubrieron el bronce y hubo una revolución, y de esta revolución se formó el hierro.

• En el Neolítico hacían bloques de piedras para dormir en ellas.

• En el Neolítico estaba el *Cromaño* y el Alejandro Magno.

• Los árboles eran bajitos y estaban un poco quemados por el sol y entonces el campo se ponía feo.

• Los hombres en forma de círculo vivían en grupos al lado del río.

• La vida en el Neolítico fue hallada por los hombres que trabajaban en la Prehistoria.

El arte en el Neolítico

• En el Neolítico no siempre se pintaban dibujos, sino que también se pintaban por señas.

• Aquí, los hombres pintaban a las mujeres con las tetas *recolgando*.

La Edad de los Metales

• El metal se hizo con piedras.

El arte en la Edad de los Metales

• Eran artes que se encontraron en el Neolítico y los monumentos que se encontraron fueron los metales.

• Uno de los metales era el campaniforme. Se llamaba así porque tenía forma de campana. Otro material también valioso para ellos era el hueso, que era un metal que tenía forma de hueso. La campana campaniforme la utilizaron para poder hacer sus propios elementos.

Los monumentos megalíticos

• EL MENHIR SERVÍA PARA DORAR DIOSES.

• Los monumentos megalíticos eran cuevas de piedra donde luchaban y guerreaban los griegos.

• Los monumentos megalíticos se utilizaban para hacer tumbas y enterrar a hombres sueltos.

• Eran monumentos de metal. Una cosa muy valiosa para ellos era la talla. La talla era una piedra tallada que tenía forma de huevo. En el Paleolítico estaba la campaniforme, que era una especie de jarro en forma de campana y que los prehistóricos la utilizaban para poder comer mejor.

GRECIA

Atenas, la *polis* democrática

• Atenas fabricó muchas colonias para venderlas en España. Pericles fue viajante en el Peloponeso.

• Atenas era una ciudad que derrotó a Grecia, y Grecia derrotó a Esparta. Esparta era una ciudad que ganó la guerra y Grecia derrotó a Atenas.

• EN ATENAS SE GUARDABA LA CUNA DE LA DEMOCRACIA.

• Más tarde vino la democracia, en la que todo el mundo podía decir leyes.

• ATENAS Y POLI VIVÍAN EN UN PALACIO.

Esparta, la *polis* aristocrática y militar

• En Esparta los esclavos estaban a la orden del día.

• Esparta en aquellos tiempos era una ciudad muy rara, porque se practicaba cualquier tipo de deporte.

Las guerras médicas y la guerra del Peloponeso

a) *Las guerras médicas*

• Los griegos ganaron la *batata* de Maratón.

• En la guerra, la reina Atenea se coronó independiente y se hizo así reina de toda Grecia.

b) *La guerra del Peloponeso*

• Las guerras Médicas lucharon contra las guerras del Peloponeso y los triunfadores de las guerras fueron los *pelo ponesios*.

Alejandro Magno y el helenismo

• Alejandro Magno era un señor independiente.

• Alejandro se pasó del Peloponeso.

• HELENISMO ERA CUANDO ALEJANDRO MAGNO IBA AGACHADO A LUCHAR CON LAS OTRAS CIUDADES QUE IBAN A LUCHAR.

• Alejandro Magno, cuando murió el imperio, se habituó a sus criados.

La economía, la sociedad y la cultura en Grecia

a) *La economía*

• Los griegos tuvieron un buen manejo de la moneda.

b) *La sociedad*

• Los griegos tuvieron una economía agrícola y cultural.

• En Grecia había mares desembocados y montañas muy *elevosas*, y por lo tanto la agricultura y el comercio eran muy importantes.

c) La cultura

• En Grecia tenían una cultura muy adelantada, pues se dedicaron a la agricultura y al comercio.

La religión y la mitología en Grecia

• Los dioses griegos se llamaban *Olimpios*.

• ENTRE LOS DIOSES ESTABA MARCO POLO, DIOS DEL ARTE.

• En Grecia había muchas religiones: la de Dios, la de César *Agusto*, etc.

• La mitología griega era también otra religión de Grecia.

• La religión griega era grande, pues podían hacer muchas religiones y muchos dioses. En Grecia había muchos curas, pero los dos más grandes fueron Pitágoras, que antes de ser cura fue religioso, y Platón, que antes de ser religioso fue profesor de Matemáticas.

La escultura en Grecia

• Los griegos hicieron esculturas muy famosas, como el Partenón y Olimpo.

ROMA

Origen y localización

• Roma está situada en el centro de la península de España.

• Roma fue fundada *por* 753 antes de Cristo.

• En Roma tiene siete colinas el Tíber.

• Roma fue una ciudad *sentada* por siete colinas.

• Era una ciudad situada más o menos al norte de Grecia.

La expansión territorial de Roma

• CUANDO LOS ROMANOS ESTABAN EN EL IMPERIO, LOS DE ITALIA NO PODÍAN PASAR.

• Roma era pequeña, pero luego se hizo más grande que el Mediterráneo.

• Cuando los romanos ganaron había muchos romanos más.

• LA EDAD DEL IMPERIO ROMANO FUE DESTRUIDA POR LOS BARBA. ENTRE ESTOS PUEBLOS ESTABAN LOS VISIGODOS QUE CONSIGUIERON LA UNIVERSIDAD TERRITORIAL. TAMBIÉN RECADERO CONSIGUIÓ LA UNIDAD PELIGROSA.

• En su introducción, la República romana fue original, porque no había ninguna República en Roma.

• Democracia tuvo la culpa de que a Roma llegase la democracia.

• Los famosos de las guerras influían en la ciudad de Roma y por eso Julio César quiso separar la influencia de la política.

• En Roma, cuando un emperador se moría, había que *aligerar* otro.

Conflictos sociales: luchas entre patricios y plebeyos

• En Roma los pobres no tenían grupos sociales.

• Los patricios participaban en los juegos políticos y los plebeyos no. Pero poco a poco alcanzaron a los patricios, y después de alcanzarlos jugaron a los mismos juegos.

• Los conflictos sociales terminaron en la colonización de *Octavo* César Augusto como hijo *adaptativo* de César.

• A los patricios no les gustaba lo que decían los plebeyos y por eso hicieron el Senado para oponerse mejor.

• Los patricios eran ricos y podían hablar de política, y los pobres no.

• Tito conquistó Danubio y Adriano compuso el río Éufrates.

El apogeo imperial

• MARCO ANTONIO PERDIÓ UNA BATALLA SIN SABERLO.

• Constantino puso el cristianismo como lengua oficial del Imperio.

• Roma dispersó a todos los países del Mediterráneo y conquistó Europa.

• Augusto fue el primer sacerdote que estudió la religión romana.

• Tito *disipó* a todos los *jodíos* por todo el Imperio.

• Con Augusto hubo paz, pero unos amigos se pasaron de la raya y Tito conquistó Jerusalén y *extendió* a los judíos.

La decadencia del Imperio

• Los romanos llamaron bárbaros a los germanos porque vivían al aire libre.

• En la desintegración del Imperio romano era donde el imperio gobernaba; es decir, mandaba y disponía de todo.

• LOS ROMANOS EMPEZARON A HACER EL VAGO Y POR ESO LOS CONQUISTARON.

• Roma llegó a ser el Imperio más *grave* conocido.

• Octavio Augusto, al morir, dejó sus poderes y fue primer coronel o sacerdote de la religión cristiana.

La religión, la sociedad y la economía

a) La religión

• La religión romana era cuando los dioses hablaban diferentes idiomas.

• En la religión romana había más políticos que dioses.

• En la religión de los romanos, si tú le quitabas un ojo a otro, los otros también se lo quitaban.

b) La sociedad

• En Roma mucha gente se ganaba la vida ejerciendo de esclavo.

• En Roma los esclavos no tenían consideración con nadie.

• Las mujeres romanas, fueran quienes fueran, tenían que meterse en la política y tener un hombre o marido a su lado para no estar solteras.

• Las ciudades romanas estaban protegidas por murallas que eran las que abastecían a la población. En ellas vivían casas pequeñas sin ventanas y eran las personas más humildes.

c) La economía

• Los romanos hacían productos que se podían comer, como el olivo.

• La moneda romana se iba o andaba por todo el Imperio.

La lengua y el Derecho

a) *La lengua*

• Del latín salieron otras leyes romanas: gallego, catalán, francés y etc.

b) *El Derecho*

• Fueron famosas las leyes del *Diocesano* metidas en doce tablas.

ESPAÑA: DE LOS PRIMEROS POBLADORES A LA ROMANIZACIÓN

Los primeros pobladores

a) *Los íberos*

• Los íberos eran personas que vivían por el Mediterráneo y por allí.

• El rey de los íberos era el que condenaba a los impuestos.

• Los íberos eran gente que se ponía de pie para trabajar.

• CUANDO LOS ÍBEROS LLEGARON A TOLEDO, PUES QUISIERON Y NO PUDIERON.

• Los íberos se agrupaban en hombres y mujeres.

• LA DAMA DE ELCHE ESTABA RELLENA DE JOYAS Y TENÍA UN TAMAÑO HABITUAL.

• La *exportación* de minas fue su principal economía.

b) *Los celtas*

• Los celtas averiguaron el hierro en España.

• Los celtas y los íberos eran enemigos de los celtíberos.

• Los celtas eran grandes llanuras rodeadas por siete colinas. Y era una de las ciudades más expansivas; es decir, donde más leyendas había. Los celtas eran grandes guerristas, es decir, que les gustaba la guerra. También era un pueblo que tenía más leyendas que mitos.

Los pueblos colonizadores

a) *Los fenicios*

• LOS CENICIOS TENÍAN TOROS Y DAMAS. LUCHARON CONTRA LOS PERSAS Y QUEDARON EN QUE EL QUE GANARA FUNDARÍA ESPAÑA.

b) Los *griegos*

- Los griegos se daban en La Meseta y en Galicia.

Los pueblos conquistadores

a) Los *cartagineses*

- Aníbal era un guerrero muy famoso que ganaba las batallas hasta que los Reyes Católicos lo mataron en Calatañanzor y no la ganó.

- Los cartagineses tuvieron que aguantar a los romanos ocho años.

b) Los *romanos*

- Los romanos se apoderaron de la Península y los plebeyos no pudieron venir a vivir aquí.

- Aníbal *arrastró* a Sagunto.

- Los romanos llegaron, dijeron M*are* N*uestrum* y todo fue para ellos.

LAS INVASIONES GERMÁNICAS

Decadencia y fin del Imperio romano

• EL IMPERIO ROMANO FORMABA EN FILAS A SUS SOLDADOS Y A VECES METÍA A GERMANOS POR EL MEDIO.

• El ejército imperial se dejó detrás sus fuerzas y no pudo conquistar más.

• En el siglo III las fronteras del Imperio romano se hicieron inofensivas para los germanos.

• Rómulo Augústulo tuvo una bajada de poder y decayó.

• Occidente se tuvo que ir por las invasiones germanas.

• Al morir Rómulo Augústulo tuvo la sensación de que los pueblos germanos eran casi enteramente germanos.

• El Imperio romano fue *distribuido* por los bárbaros.

• Los *visagudos* echaron a los romanos de Roma.

Los principales pueblos germanos

• Durante el siglo V, alanos y visigodos *salierón* en busca de un hospital, pero no eran el número suficiente y se repartieron por Hispania.

• Los germanos eran personas muy raras porque se llevaban mal con los romanos.

• Los germanos nacieron en la península del mar Báltico, al sur de Dinamarca.

• Los germanos se fueron a Roma para tomar el sol.

• Los germanos se unían a los romanos en los pueblos.

• LOS FRANCOS SE SENTARON SOBRE EL NORTE DE FRANCIA.

• Clodoveo se metió a católico en Francia y se comprometió con él.

• Los ostrogodos vivían en aldeas donde todo se reducía al dinero.

• Los principales pueblos germanos fueron: Galicia, Italia, España, la Península Ibérica y Francia.

• Los ostrogodos se quedaron en Italia y su rey Teodorico se quedó con el latín de los romanos. Más tarde se publicó como lengua oficial el *Liber Indiciorum*.

• Entre los bárbaros estaban los visigodos, que asentaron la Península estable.

Formación del reino visigodo en España

- El jefe importante de los visigodos en España fue uno que se murió.

- El reino visigodo de Toledo era muy fuerte porque usaba hombres.

- El rey Leovigildo hizo su ejército de visigodos con su hijo Recaredo después de la guerra contra don Rodrigo en Guadalete, provincia de los árabes.

- Cuando los visigodos llegaron a la Península vieron que Recaredo se les había adelantado.

- Los visigodos llegaron a España sin problemas, porque no los alcanzaron.

- Los visigodos conquistaron fácilmente la Península porque, cuando llegaron a ella, estaba desierta.

- Los godos y visigodos eran pueblos *hermanos*.

- En España, los visigodos tenían *esmero* a su rey, llamado Califato, porque para ellos era el rey o emperador más especial, y todos lo apreciaban porque era el mejor emperador que tenían.

- *Recadero* arrastró la capital a Toledo y se transformó en católico.

• Los visigodos atacaron poco a poco España y España cogió el Imperio romano.

• Recaredo quiso dividir la Península en 1.

• El reino visigodo se fue formando poco a poco. Atacaban en pequeños grupos corriendo y después se iban corriendo a toda mecha. Así hasta que derrotaban a los otros pueblos corriendo.

• En la época de los visigodos, España era una ciudad llena de romanos.

• Los visigodos, la mitad de las veces, cuando luchaban, ganaban a los demás y otras las perdían.

• El rey Recaredo se metió en la religión católica y ganó el Tercer Concilio Vaticano II.

Plenitud y decadencia de los pueblos germanos

• Don Julián fue un noble visigodo jefe de las tropas de *Tango*.

• La decadencia fue que en el reino lucharon y el pueblo de los visigodos se hizo muy pequeño y se fue cayendo de la ciudad de los visigodos y ese país se quedó muy pequeño porque lo invadieron.

• Leovigildo pidió permiso a los germanos para ir a luchar a la batalla del río Guadalete.

• Recaredo se hizo al catolicismo y puso la religión en su pueblo.

• Recaredo fue decapitado en el Concilio de Toledo.

• LEOVIGILDO ERA UN REY QUE ESTABA SIEMPRE GOBERNANDO, MIENTRAS HERMENEGILDO ESTABA SIEMPRE GUERREANDO.

• Tras la derrota de los visigodos sobre Guadalete, los musulmanes invadieron a don Rodrigo.

• Los reyes más importantes fueron Leopoldo y *Recadero*.

• Leovigildo consiguió el hecho territorial y su hijo Recaredo el hecho religioso.

Economía y sociedad de los pueblos germanos

• Se han encontrado monumentos en muchas zonas, como en las iglesias, en las casas, en los picos, todos enterrados. Se ha encontrado la ganadería y la cultura y el arte en farmacias de guarida, en el anfiteatro, en el circo y en el arco. Todos enterrados. Se han encontrado la Dama de Elche en el anfiteatro, una sentada y *ostavio* Augusto.

• Entre los germanos los hombres libres pertenecían a tribus.

La sociedad hispanovisigoda

• Con los visigodos hubo relevos culturales y Recaredo mandó hacer el arrianismo.

• Los germanos guardaban su memoria en un libro, mientras B*izantio* lograba mantener su fragmento y logró un máximo poder cultural.

La cultura visigoda

• Los germanos refugiaron el arte y la cultura en un monasterio.

• Los visigodos enterraron joyas como la gran corona que era una lámpara.

• LA CULTURA Y EL ARTE LOS TAPABAN A LOS VISIGODOS PARA QUE NO SE VIERAN, PORQUE ERAN MUY FEOS.

EL ISLAM. LOS MUSULMANES EN ESPAÑA

El origen del Islam. Mahoma

• Mahoma era *desimedesierto* de tribu nómada. Estaba casado con *Rica*, y por eso se casó con ella. Huyó y se trajo mucha gente de un pueblo que se llamaba *andaluz*.

• Mahoma vivía en Medina, donde se hizo hereditario.

• Mahoma volvió a La Meca y todos se transformaron en Islam.

• Arabia era una ciudad semidesierta y nómada.

• MAHOMA NACIÓ EN LA MECA DESDE SU INFANCIA. SE DEDICÓ A CAMILLERO. COMENZÓ A PREDICAR UNA RELIGIÓN BASADA EN LA DECADENCIA DE ALÁ.

• Mahoma se aprendió las religiones cristiana y judía de memoria y después predicó el Islam. Tuvo como discípulos a los musulmanes.

• Mahoma huyó a Medina, de donde volvió como hombre a La Meca y la conquistó.

• A MAHOMA LO ECHARON DE LA MECA Y LUEGO VOLVIÓ. A ESTO SE LLAMÓ HERIDA.

• Alá y su profeta adoraban a la *Kaaba* (pedrusco).

Expansión territorial del Islam

• EN EL CALIFATO DE CÓRDOBA ESTABAN LOS PERFECTOS CALIFAS, LLAMADOS ASÍ PORQUE NO SE COMIERON NI UN PUNTO NI UNA COMA DE MAHOMA.

• La expansión territorial empezó por Mahoma y luego por Medina.

• Mahoma hizo un viaje a La Meca en caravanas, carros y coches viejos.

• El rey Mahoma, llamado judaísmo, luchó contra el Imperio romano en la batalla contra los persas.

Los musulmanes en España

a) *Al-Andalus, provincia de Damasco*

• En España del emirato al califato era porque en España los romanos eran *comportados* de plenitud de otra manera, por lo cual todo empezó a ocurrir en España.

• Damasco era el rey más apreciado de España porque siempre tenía que mandar en todo lo que necesitaba.

• LOS ÁRABES CONQUISTARON TODO, MENOS ALGUNAS MONTAÑAS.

• Los moros derrotaron a don Rodrigo en la batalla 711.

b) El *emirato de Córdoba*

• España estuvo pendiente de Damasco. Entonces, como los árabes se fueron a Bagdad, aprovecharon la ocasión de irse a España. En el emirato de Damasco los árabes vieron que como se fueron a Damasco, pues estaban independientes de España y le tenían que pedir permiso para hacer cosas.

c) El *califato de Córdoba*

• AL DE RAMÁN III SE PROCLAMÓ JEFE Y RELIGIOSO Y NOMBRÓ AL ANDALUZ PROVINCIA DE ESPAÑA.

• Cuando los musulmanes creían haber conquistado bastante en España, se hicieron amos de esa parte y allí empezaron a hacer un gran negocio. Pero cuando la otra parte de España, que no estaba enriquecida a su costa, vencieron una gran lucha, sacaron a los musulmanes y los pusieron en Francia. Y así estuvieron los musulmanes en España: unas veces enriquecidos y otra echados de su propia fortuna.

• En un día de crisis, Abderramán III conquistó Navarra y Cataluña.

d) *La época de decadencia militar*

• Abderramán III se proclamó califa independiente de la mezquita de Córdoba.

• Abderramán I se hizo del Islam y Abderramán III se sometió a *menhir*; es decir, se hizo rey como cristiano y religioso.

La economía musulmana

• Los musulmanes trajeron fruta de fuera, como el algodón y las alcachofas.

El gobierno y la sociedad

• La máxima autoridad de los califas era que tenían poder. Al califa lo apoyaba un grupo de personas sociales.

• La población musulmana la formaban cuatro hombres ricos.

• Los que no estaban hechos de la religión del *isla* pagaban grandes impuestos.

• El gobierno musulmán se basaba en la *Bibia*. Por eso se dijo que se tenía que practicar el judaísmo y el cristianismo.

La cultura, la ciencia y la técnica

• Los árabes enseñaron algunas técnicas de culturas, entre las que destacan: Siria, Persia, Mesopotamia y Egipto, que fueron técnicas muy importantes.

• Los árabes inventaron el cuerpo humano para curar sus enfermedades.

• La cultura y la ciencia de los musulmanes son tres:

  * Las culturas son todos los productos de comida.
  * Las ciencias son todos libros para estudiar.
  * Las técnicas son todas las que pueden *areglar* los coches.

• Los árabes hicieron libros y libros de poesías. También aprendieron los *riesgos* del cuerpo humano.

• La cultura la hacían en España y luego la llevaban al campo y a las economías.

• A AL-ANDALUS VENÍAN DE TODAS PARTES PORQUE HABÍA UN MIRADOR.

El arte musulmán

• Hay muchas clases de culturas, como el arte de piedra de mezquitas y las piedras talladas pulimentadas.

• Los árabes aprendieron a hacer cosas por ellos mismos y no por otras religiones.

• Los árabes tenían un arte muy distinto a los demás y eso llamaba mucho la atención.

• Entre los moros había uno que se llamaba *Averrotes*, que sufrió *debilitaciones*.

LA EDAD MEDIA

Introducción

• En la Edad Media tuvieron que inventarse nuevas causas para comer. Algunos comían de servidumbre.

• En la Edad Media había poca gente de la Edad Media.

• En esta época los monarcas estaban empobrecidos y no podían pagar los impuestos que les prestaban los nobles.

• En la Edad Media el hombre era servidumbre, es decir, que vivía de servidumbre.

Carlomagno y el origen del feudalismo

• Carlomagno, en las fronteras fronterizas, plantaba un marqués.

• Carlomagno era el más famoso de los reyes francos, así que era Franco. Él fue el creador del origen del feudalismo.

• Como Carlomagno era muy grande se dividió en provincias.

• CARLOMAGNO TENÍA DOS PROVINCIAS Y A CADA LADO DE LA PROVINCIA PUSO UN CONDE COMO DE GUARDIA PARA LA FRONTERA.

• Carlomagno tuvo que dividir el Imperio franco y así se quedó en Imperio francés.

El feudalismo: señores y vasallos

• Los siervos eran campesinos que se trabajaban al señor feudal.

• LOS CABALLEROS IBAN A LA GUERRA EN BUSCA DEL SEÑOR.

• Los eclesiásticos y campesinos trabajaban en el castillo para hacer un favor al señor.

• Los campesinos pretendían a los señores feudales.

La sociedad feudal

• Los siervos vivían debajo del castillo del señor.

• La sociedad feudal se dividía en tribus.

• Los eclesiásticos eran unos nobles que pagaban a los nobles entregándoles un feudo para poder pagar sus propias tierras a la *pobreza* guerrera.

• La sociedad feudal la formaban los eclesiásticos con feudo, que eran papas, nobles, monaguillos, curas y monjas, etc.

• La sociedad se componía de tres períodos:

* Los siervos, que luchaban contra los nobles, mientras los nobles trabajaban en practicar.

* Los villanos, que penetraban a los nobles en sus tierras.

* En el resto de servidumbre trabajaban las universidades.

• Los eclesiásticos (obispos, sacerdotes y frailes) trabajaban como esclavos.

Los señoríos

• Los señoríos se formaban de tres períodos:

* Los siervos, que formaban la ganadería y la agricultura.

* Los campesinos, que formaban a los comercios y a las pescaderías.

* Los señores, que formaban a los que venían detrás.

A su vez, dentro de los campesinos se formaban otros tres períodos:

* Los nobles, que eran los esclavos de los marqueses.
* Los feudos, que entregaban a los nobles un feudo para pagar sus tierras.
* Los eclesiásticos, que trabajaban para los nobles que ponían a un noble.

• EN LA NOBLEZA GUERRERA LOS HABÍA QUE TRABAJABAN.

• El señorío es cuando el feudalismo se aprende o se deja. Si no se puede cuando los hombres empiezan a trabajar con la sociedad feudal es cuando no trabajan los hombres y no se está en el feudal.

• Los señoríos eran como pequeños reinos porque se administraba *injusticia*.

La Baja Edad Media en Europa

• En la Edad Media *baga* el hombre vivía en estado de *pesadumbre*.

• Los burgueses tomaron la cultura como una

preparación necesaria para ascender a sus categorías.

• La Baja Edad Media se desarrolló en las ciudades hasta las universidades.

La economía en la Edad Media

• Hubo un gran crecimiento demográfico y tuvieron que agrandarse las comidas.

• Se desarrolló en el siglo x, cuando todavía no se podía trabajar si no dejaba el señor.

• En la Edad Media las personas usaban el feudo como sueldo.

• Se hicieron ferias para tener mejor controladas a las ciudades.

El desarrollo de las ciudades

• En la ciudad se ponía a un rey o conde para cuidar la ciudad. Si no tenían un rey, tendrían un conde *cadavez*.

• Durante la Edad Media se hicieron ciudades al lado de las ciudades.

El origen de la burguesía

• A las personas las llamaban «burguesía» porque eran amables.

• En las ciudades había gente y personas.

• Los campesinos pedían a los nobles un puesto de trabajo a cambio de su vida.

• LOS BURGUESES ERAN NATURALES DE BURGOS. ÉSTOS TENÍAN LA LABOR DE HACER TRAJES TÍPICOS DE BURGOS, PERO NUNCA COBRABAN DINERO, SÓLO LUCRO.

El origen de las universidades

• Las universidades tenían un origen *de nobles*. Los nobles trabajaban en las universidades para gobernar dicho Imperio. Gobernaban el Imperio para luchar contra los villanos. Los villanos y los marqueses luchaban contra los nobles y los dos luchaban para ellos mismos y para estar en los territorios cerca del castillo. En el castillo nada más que vivían los hombres ricos y los de la universidad.

• Los burgueses necesitaban tener una mejor educación con la que llegaron a formar parte del pueblo.

• Las universidades se desarrollaron cuando los burgueses se creyeron más listos que los otros.

LA RECONQUISTA ESPAÑOLA

Primeros núcleos de resistencia contra los árabes

• Asturias fue el primer núcleo de resistencia contra los *árboles*.

• Los cristianos fueron mandados por don Pelayo para ser refugiados. Estos tiempos fueron de crisis y tenían que ir a la guerra para quedarse mejor y para ver si se podía arreglar la crisis.

• Carlomagno fundó la *Mancha* hispánica y la fundó en Cataluña.

• Los árabes conquistaron la península Ibérica, menos una franja por donde se resbalaron los cristianos.

Los reinos cristianos en el siglo IX

• Castilla proclamó rey a León.

• Al morir Ramón II fundó Zamora.

• Los catalanes se independizaron de España con Wifredo «el Velloso».

Navarra y Cataluña en el siglo XI

• El Cid Campeador fue *arrasado* por Alfonso VI.

• El Cid, *enterrado* por Alfonso VI, luchó contra los moros.

Castilla y León en el siglo XI

• A finales del siglo XI Asturias fue llevada hasta el Duero y, al situarse en la capital de León, se llamó León.

• RAMIRO II FUE IRRECONOCIBLE PARA LOS NAVARROS POR SER CURA.

Los reinos cristianos a principios del siglo XII

• Al morir Alfonso I, Aragón proclamó rey a su hermano Ramiro II el Monje, que no fue visto por los navarros.

• Cataluña estaba en España por Wifredo el *Vello*.

La Corona de Castilla

• Alfonso VII tenía unos duques, y al morir el último duque, el *duque* lo dividió entre sus hijos.

• El Cid Campeador fue derrotado por los cristianos en las Navas de Tolosa.

• Fernando V fue derrotado por Asturias en la batalla de Covadonga y así se unieron definitivamente Fernando y Castilla.

• Fernando III el Santo hizo la Ley del Patrimonio.

• ALFONSO X EL SABIO FUE MUY SABIO Y ESCRIBIÓ ALGUNAS PARIDAS.

• Alfonso X hizo muchas leyes jugando a las Partidas. También dio un repaso a la cultura.

• Alfonso XI murió legalmente y la corona pasó a su hermana *trasta mara*.

• La guerra de sucesión en Castilla la iba a heredar Isabel, pero se la dejaron luego a Juana *Beltrán*.

• Enrique de Trastámara mató a Pedro el Cruel en Altamira.

• La casa de Trastámara era de Castilla. León fue a por ella, pero Castilla se la quitó.

• En Castilla había una casa en la que vivía Alfonso X el Sabio, que conquistó el palacio de Trastámara.

La Corona de Aragón

• Ramón *Berengues* se apoderó de los *gudíos* y llegó hasta Castilla y desde entonces empezó la *Dostrina* española.

• Ramón Berenguer IV se casó y tuvo a Petronila. El esposo de ésta, Ramón Berenguer IV, asumió todos los *candados* catalanes.

• Jaime I fue el emperador de Castilla y León, que fue traductor de las escuelas *traductorias*. Jaime traducía algunas palabras que la gente no entendía y la gente pagaba por traducirle.

REYES, GUERRAS
Y DEMÁS DE LA HISTORIA MODERNA

EL RENACIMIENTO Y EL HUMANISMO

Definición y características

• El Renacimiento era demasiado, porque eran hombres que trabajaban mucho.

• El Renacimiento fue un movimiento cultural de los cristianos. Por eso fue cultural y cristiano.

• El Renacimiento surgió en Italia y quería volver a Roma.

• En la Edad Media el hambre estuvo basada en el origen del futuro renacentista.

El Renacimiento artístico y el Humanismo

• EN EL RENACIMIENTO SE PRACTICABA EL ESPIRITISMO DE LAS ESTATUAS.

• Los humanistas empezaron a llamarse así porque decían que eran muy humanos.

• EL RENACIMIENTO SURGIÓ EN ITALIA, PERO POCO A POCO SE TRASLADÓ A GRECIA Y A ROMA.

Cambios que se produjeron durante el Renacimiento

a) Cambios sociales

• Los políticos cultivaban todas las tierras del Renacimiento porque tenían un Imperio grande. Aunque el que también fuese económico podía permitirse un lucro en todas las cosas.

• Los hombres no se preocupaban ni de sí mismos ni de otras personas; por eso no sabían nada ni de sí mismos ni de otras personas.

b) Cambios económicos

• Los cambios *ecológicos* del Renacimiento eran demasiado ecológicos para el Renacimiento porque había mucha gente que nacía porque había guerra.

• Los que se enriquecían fueron los que se hicieron políticos.

• Los comerciantes y banqueros eran los que más *infriguían* el Gobierno.

• Los comerciantes estaban a favor de los comercios.

• EN EL RENACIMIENTO EL REY DEJÓ DE TENER UNA CABEZA IMPORTANTE.

c) *Cambios religiosos*

• En el Renacimiento Europa quedó dividida en dos religiones: los curas y los frailes.

• En la religión los cambios no fueron ni políticos ni religiosos.

Características del Humanismo

a) *Preocupación por el hombre*

• Los humanistas eran los que servían a Dios y creían en el cuerpo y en el alma, y los *humanísticos* lo contrario.

b) *Triunfo de la razón*

• Los hombres humanistas triunfaron porque ellos creían en cosas del cuerpo humano. Empezaron a estudiar y en las universidades encontraron cosas del cuerpo humano que no conocían.

c) *Curiosidad y afición por todo lo clásico*

• Los humanistas reflexionaban de ellos mismos.

• Durante la Edad Media la tradición iba con los maestros. Los humanistas, sin embargo, riñeron y se dedicaron a estudiar.

Difusión del Humanismo

• LOS HUMORISTAS CREÍAN QUE EL SER HUMANO ERA EL CENTRO DE TODAS LAS PREOCUPACIONES.

Erasmo de Rotterdam

• En El *elogio de la locura* protestaron los religiosos.

• Erasmo, donde más destacó, fue en la pintura como escultor.

El Humanismo y la ciencia

• El único científico que descubrió la ciencia fue Servet Miguel, y le dieron el premio *hable* por la circulación.

Miguel Ángel

• MIGUEL ÁNGEL, COMO ARQUITECTO, HIZO UNA CÓPULA.

• Miguel Ángel fue un buen arquitecto. En la arquitectura hizo una de sus famosas esculturas. En la escultura hizo un cuadro muy famoso en pinturas y realizó una escultura que le puso capilla de Sixtina de Vaticano.

Leonardo da Vinci

• Fue un pintor italiano nacido en España.

LOS PRINCIPIOS DE LA EDAD MODERNA

La monarquía autoritaria

• Los monarcas autoritarios eran gobernadores de la monarquía.

• La monarquía autoritaria era la preponderancia de los reyes sobre los pobres.

El monarca autoritario

• El rey se convirtió en el primero de los Estados de cabeza.

• El rey se convirtió en un noble y cargó.

• El rey dejó a los *señoles* feudales y se puso en la cabeza del primero.

• EN EL SIGLO XV HABÍA UN REY QUE ERA TODO ÉL MONARQUÍA.

Medidas que tomaron los monarcas autoritarios para consolidar su poder

• LOS MONARCAS TENÍAN PERSONAS QUE SABÍAN HABLAR CON LOS EXTRANJEROS EN EXTRANJERO.

• Juntaban más gente con tal de dar la misa en la iglesia.

El Imperio otomano

• Los turcos querían destruir España, pero las tribus capitaneadas por España pasaron *delos* turcos y chocaron y estuvieron lejos.

Monarquía autoritaria en Inglaterra

• La guerra de las Dos Rosas perfeccionó a la nobleza inglesa: En esta guerra perdió la vida *guerrilleando* el Gran Capitán.

ESPAÑA DURANTE EL REINADO DE LOS REYES CATÓLICOS

La unión de Castilla y Aragón

• Todos los Reyes Católicos que hubo estuvieron casados por medio de la religión, que los mantenía firmes.

• Los Reyes Católicos se besaron en secreto en Valladolid.

• Los Reyes Católicos se transformaron en cristianos.

• DE FELIPE EL HERMOSO Y DE JUANA LA LOCA NACIÓ CARLITOS.

La guerra de Sucesión en Castilla

• La guerra fue porque Enrique nombró, o señaló, de reina a la *Alcacoba*, y después de muerto a la *Beltrana*, que chocó en Toro.

• Esta guerra empezó porque Isabel la Católica tenía un hermano.

La unificación territorial de España

• Después de conquistar Granada, los árabes vivieron, por fin, felices. El *carcelero* Cisneros quería que los árabes se convirtieran en musulmanes y que vivieran felices con ellos.

• Cisneros obligó a los judíos a hacerse frailes.

Política peninsular de los Reyes Católicos

• Los Reyes Católicos querían unir enlaces matrimoniales con países.

• Los Reyes Católicos tenían un tipo de política distinta a otras personas. Entonces, cuando hablaban de política con otras personas, salían éstos perdiendo.

• Los Reyes Católicos consiguieron quitarle grandes extensiones de tierra a África, como Gibraltar y Menorca.

Política internacional de los Reyes Católicos

• España se chocó con Francia en los Reyes Católicos.

• La política internacional de los Reyes Católicos estuvo en un punto y *apartes*.

• LOS REYES CATÓLICOS QUISIERON SEPARAR AMÉRICA DE EUROPA, PERO NO LO CONSIGUIERON.

Muerte de Isabel la Católica. Las regencias

• Isabel la Católica murió casándose con Felipe.

La economía y la religión durante el reinado de los Reyes Católicos

a) *La economía en Castilla*

• La economía castellana se basó en la *Meseta*, que consiguió *Loewen consejo*.

• LOS REYES CATÓLICOS TUVIERON UNA ECONOMÍA: CASAR A SUS HIJAS CON OTROS SEÑORES. DE ALLÍ SALIÓ MARÍA, MADRE DE FELIPE.

• La ganadería fue la principal fuente de energía en Castilla.

• Los pastos se llevaban de un lugar a otro en la trashumancia.

b) *La economía en Aragón*

• Los pañuelos de Aragón fueron conocidos por el Mediterráneo.

• La economía tuvo que luchar por gobernar Aragón, pero no pudo porque Fernando era el rey que mandaba allí.

c) La unidad religiosa

• LA INQUISICIÓN ERA UN JUZGADO QUE VELABA POR LA PEREZA DE LA RELIGIÓN, PARA QUE NO HUBIERA MALA FE EN LAS ELEGÍAS.

• Según los curas, los mudéjares tenían que bautizarse o abandonar el reino. Pero a los Reyes Católicos también los hicieron bautizarse.

Principales organizaciones durante el reinado de los Reyes Católicos

• Aragón era el ejército de una tribu de Castilla.

• Castilla era el castillo de un rey famoso llamado Alfonso V o Santa Hermandad.

LOS GRANDES DESCUBRIMIENTOS GEOGRÁFICOS DE LA ÉPOCA

Causas de los descubrimientos

• A finales del siglo XV los europeos desconocían por qué América y África guardaban la existencia de Asia.

a) *Causas económicas*

• Los europeos querían comerciar con Oriente, pero no pudieron porque los turcos apresaron a Mediterráneo en Constantinopla.

b) *Causas políticas*

• Fueron que no hubo dinero, y sí ideologías, y por eso los descubrimientos aumentaban.

c) *Causas ideológicas*

• En el libro de Marco Polo había mucha curiosidad.

d) *Causas técnicas*

• Se hizo uso del *timo* y de la brújula.

Descubrimientos portugueses

• Enrique el Navegante descubrió la Escuela de Sangre, mientras Vasco de Goma llegaba a la India.

• En un descubrimiento fueron primero al océano Atlántico. Pero luego abrieron una puerta por donde debía de pasar el océano Pacífico. El océano Pacífico abrió otra puerta y se llamó océano *acidental*.

• Los marinos portugueses tenían miedo porque la Tierra era *cuadriculada.*

El descubrimiento de América y Cristóbal Colón

• Los europeos querían llegar a Europa por la ruta del sur de África con fines europeos.

• AMÉRICA SE LLAMÓ ASÍ POR AMÉRICO VESPINO.

• Colón pasó del Atlántico al Pacífico y a esta ruta se llamó estrecho de Gibraltar.

• Cristóbal Colón descubrió América una mañana que salió con dos compañeros o amigos, que eran hermanos Pinzones.

• En el siglo XV don Colón era el que mandaba. Inventaron las patatas, el tomate y el café. Don Colón vivía en Castilla y llevaba *herradura* y montaba a caballo en tiempo primero. Era como el rey Juan Carlos.

• Colón salió hacia la tierra prometida con arbitraje fijo.

• Don Colón *poraquello* entonces era muy rico. Ahora está muerto y no es rico. Don Colón era de la Media Edad. Ahora mismo tendría 21 siglos. A mí me gustaría *a verle* conocido.

• En América descubrieron a Colón vestido de mujer.

• COLÓN DIO TRES VUELTAS POR AMÉRICA PARA REVISARLA MEJOR.

La primera vuelta al mundo

• Magallanes quería dar la vuelta al mundo, pero se chocó con Brasil y no pudo seguir.

• Cuando murió *Maballanes* se hizo cargo *Canoso* de los barcos.

• Magallanes llegó al *Mardelsur*, que para su tranquilidad *Magallán* lo llamó Pacífico.

• El Cano dio la vuelta al mundo con la Vicenta.

• MAGALLANES SE PERMITIÓ EL LUCRO DE CRUZAR EL OCÉANO ATLÁNTICO POR EL OCÉANO PACÍFICO

• Magallanes llamó Pacífico al Pacífico por sus aguas limpias, silenciosas y pacíficas.

• Magallanes pasó por un río al que llamó océano Pacífico.

• A la muerte de Magallanes, Lutero, otro marino portugués, se hizo cargo de los barcos.

• La primera *güerta* al mundo la dio Fernando *Mogollones*.

El reparto de Ultramar

• Por Sevilla no pudieron pasar los barcos americanos por exceso de carga.

• España y Portugal tenían las mejores agencias de viajes del mundo durante el descubrimiento de América.

• El reparto de Ultramar se hacía en coches de caballos, pero como tardaban mucho con el reparto luego lo hicieron con barcos.

Consecuencias de los descubrimientos

a) Consecuencias políticas

• La empresa de Portugal era arriesgada porque

quería llegar a la India por la ruta del sur de Oriente. Para ello se creó la empresa naval de Siches.

b) *Consecuencias económicas*

• Con los descubrimientos geográficos se perfeccionó el clima, la navegación, la fauna, etc.

• La moneda aumentó de precio.

• El continente mediterráneo perdió importancia.

• Hubo causas de economía, es decir, de dinero, de enfermedades, *habres*, guerras, etc. Pero después se quitaron todas estas calamidades y las personas lucharon por quitarse todas estas cosas.

c) *Consecuencias culturales*

• Con los nuevos descubrimientos en América, España dispersó su cultura por el Mediterráneo.

• Se difundió por América el relieve, el clima y la cultura de Europa y América.

LA REFORMA PROTESTANTE

Lutero y su doctrina

• Según Lutero, no hacía falta bautizarse, sólo hacía falta la primera comunión.

• Todos pueden coger la Biblia, no necesitan que la Iglesia les ayude.

• LUTERO DECÍA QUE EL HOMBRE SE SALVA DE LA FE POR LAS BUENAS OBRAS PÚBLICAS Y QUE CADA CUAL PUEDE HACER LA BIBLIA QUE QUIERA.

• Lutero se escamó porque cometió una indulgencia con la Iglesia cuando se empeñó en predicar su lengua.

• A Lutero lo echaron de su trabajo porque hacía trampas con la Iglesia.

• Según Lutero, no se podía confiar en el ofrecimiento de los demás y que se podía hacer con la Biblia lo que se quisiera sin creer en ella.

• Lutero se crió toda la vida en una iglesia.

• Lutero intentaba corregir la corrupción de las consecuencias de la Iglesia.

• El papa León X cambiaba indulgencias por limosnas.

• El *lucro* de la Virgen debía de ser prohibido porque la Iglesia se dio cuenta de las necesidades que tenían las vírgenes y los objetivos.

• El papa León X dijo que a quien diera limosnas para una basílica se le curarían las indulgencias.

• El papa León X no estaba de acuerdo con Lutero y abrió las puertas del cielo a la gente que daba limosnas a San Pedro.

• Lutero defendía la Iglesia como si fuera suyo el cargo.

• Lutero era francés y pretendía hacer una reforma de la Capilla Sixtina de una iglesia.

Difusión de la Reforma

a) En *Alemania*

• LOS ALEMANES APROVECHARON LA REFORMA PARA SEPARAR POR EL MEDIO A SU SUCESOR CARLOS V, ENCARGADO DE LA IGLESIA ALEMANA.

• El luteranismo cada vez se llevaba más en Europa.

b) En *Francia*

• Zuinglio fue el principal emprendedor de la empresa de la religión en Francia.

• Calvino dijo que el hombre se salva por la fe y no necesita nada para salvarse.

c) E*n Suiza*

• Calvino y Zuinglio fueron los reformadores religiosos con algo más de éxito después de Lutero.

• Los hombres podían defenderse en Suiza por la fe y no por las obras de sus defendidos.

El anglicanismo en Inglaterra

• Enrique VIII dijo que debíamos tener fe en él, pero no autoridad sobre nosotros mismos.

• Enrique VIII estaba casado con Isabel la Católica.

• El anglicanismo tiene la misma fe que los santos, pero no que la del Papa.

• Enrique VIII fue el que trajo el *analfabetismo* a España.

LA CONTRARREFORMA CATÓLICA

El Concilio de Trento

• EL PAPA CONVOCÓ A TRENTO PARA QUE SE ENFRENTARA A LUTERO.

• Después de la Reforma, los romanos se fueron de Europa y Europa quedó como un pueblo vacío. Entonces, los cristianos hicieron pisos, puentes, etc.

• El papa X realizó algunas cualidades de la doctrina de Lutero y otras que hizo él.

• La Inquisición debía velar por la *pobreza* de la fe.

• León X fue el encargado de escribir las biblias y otros libros.

• El Concilio de Trento obligó a los obispos a residir en su decisión.

• Durante el Concilio, Lutero fue amable con la Iglesia.

• Lutero pretendía revolucionar la Iglesia con la corrupción de la Iglesia, pero Trento se opuso porque quería llenar Alemania de *protectores*.

• San Ignacio de Loyola echó a Lutero de España por no tener indulgencia para estar en España.

Europa después de la Reforma

• Después de la Reforma hubo un gran problema, ya que Felipe II se hizo católico y no se unió a los *protestadores*.

• CON LA CONTRAFORMA CATÓLICA NACIÓ LA IMPRUDENCIA. Y EL PAPA LEÓN ESCRIBIÓ A LUTERO DICIÉNDOLE QUE SI ESTABA BORRACHO O QUÉ, POR LO QUE DECÍA.

• España, después de la Reforma, quedó dividida en España y Portugal.

• Enrique IV publicó el libro *denantes* para los *hubone-ros*.

• Después de la Reforma, Lutero quiso *adecentar* el protestantismo.

EUROPA EN EL SIGLO XVI

España, principal potencia europea en el siglo XVI

• El cambio de Carlos I a Felipe II no le agradó mucho a la sociedad porque durante la primera mitad del siglo XVI en España estuvo como persona Carlos I.

• En España había dos unidades. En la primera unidad el rey no pudo *digerir* su *superio ridad* para gobernar el Imperio.

• LA UNIÓN DE ALEMANIA CON ESPAÑA EN LA PERSONA DE CARLOS V PERMITIÓ AL REY ESPAÑOL ASISTIR A TODOS LOS PARTOS IMPORTANTES DEL CONTINENTE.

• CARLOS I ERA MEJOR QUE CARLOS V.

• Una unidad del siglo se unió a la Corona de Alemania y la otra mitad dio a Carlos I para enterarse de todo lo que pasaba por el continente.

• La política de la segunda mitad estaba compuesta de muchas personas, como Felipe II, que era delegado de todo, pues era el que llevaba el dinero y las ideas con otras personas.

La idea imperial de Carlos V

• La idea era que todas las cosas que decía debían de ser verdad.

• La idea de Carlos era coger una idea medieval y hacerla como él mismo.

• CARLOS V QUERÍA RESUCITAR LAS RELIGIONES ANTIGUAS Y LLEVÁRSELAS POR EUROPA. FRACASÓ PORQUE FRANCIA E INGLATERRA YA ESTABAN METIDAS EN EL NEGOCIO PROTESTANTE.

• Carlos I quería convertir Europa en una base cristiana y por eso puso una corte en todas las barreras de Francia.

El Imperio otomano

• Carlos I *detubio* a los turcos por Oriente y Felipe se los cargó por Occidente.

• España se enfrentó a los turcos, que estaban con los otomanos. Luego conquistaron también a los otomanos.

• Las *ide* de los romanos eran comunes, pero musulmán fracasó porque en ninguna de las fronteras consiguió altura total para sofocar a España.

• Los turcos tuvieron miedo de la Media Luna, se separaron y chocaron con los españoles apartados del Mediterráneo.

Enfrentamientos entre España e Inglaterra

a) *En tiempos de Carlos* I

• En tiempos de Carlos I las *aclaraciones* con Inglaterra fueron tensas, pero aún no se había abierto la guerra.

• Isabel I de Inglaterra mandó derrumbar los comercios de España.

b) *En tiempos de Felipe* II

• Los ingleses y sus piratas no dejaban circular a los barcos por la mitad del mar.

Enfrentamientos entre España y Francia

• España, Grecia, Atenas, Madrid, etc. formaron la Liga Santa contra los franceses en Italia.

• Francisco I fue secuestrado en Pavía. Esto hizo un *alborotamiento* en Francia y que la gente se pusiera muy nerviosa. Lo llamaron la Noche de Quintín.

Las guerras de religión en Francia

• En Francia había muchas fronteras y entre esas fronteras había católicos y calvinistas, que se opusieron.

• En esta guerra lucharon religiosos y judíos, porque no sabían si eran religiosos o judíos.

El problema alemán

• Cuando Carlos V se estaba haciendo emperador, Lutero empezó a *pretender* al protestantismo.

• Cuando Carlos I fue coronado alemán, ya estaba disuelto Lutero.

• Los príncipes alemanes se metieron bien dentro de la doctrina de Lutero para ofrecerse a Carlos V.

• AL MORIR CARLOS I DIJO QUE ERA UN INÚTIL POR QUERER HACER UNA EUROPA CRISTIANA.

• Antes de ser coronado Carlos I de Aragón, Lutero ya tenía protestando a aquel país.

Política peninsular de Carlos I

• CARLOS I TUVO QUE HACERSE CARGO DE DOS PENÍNSULAS: LA DE GERMANÍAS Y LA DE VALENCIA.

• Las Germanías tenían un carácter benéficamente social mientras los nobles relucían.

• Carlos I no quería seguir la doctrina de Lutero, por lo que se puso el nombre de Carlos V y se metió en política.

• LOS ODIOS Y LOS RECELOS SALIERON A LAS CALLES DE MALLORCA A RELUCIR.

• Al ver que necesitaban una política peninsular, Carlos I construyó su propia política peninsular.

Política peninsular de Felipe II

• Esta política era la sublevación de los *molinos*, pues Felipe II los obligó a no hablar ni a su forma de *mentir*.

• JUAN DE LANUZA SE NEGÓ A ENTREGAR A ANTONIO PÉREZ Y FELIPE II LO MANDÓ A AFUSILAR.

• El reinado de Felipe II descendió desde la muerte de sus sucesores y al descender el reino subieron unas luchas contra España.

• En la guerra del Alba don Manuel fue descubierto que era rey de Portugal.

• Felipe II hizo que favorecieran sus tropas, ya que era nieto de un Manuel. Luchó contra los *trucos* y el emperador de Portugal proclamó rey de Portugal.

• El trono de Portugal se quedó sin reino y Felipe II, aprovechando su descendencia, se hizo *reclamar* rey de Portugal.

La guerra contra los turcos

a) E*n tiempos de Carlos* I

• Los turcos hicieron la guerra con *Calvitano*.

• Al principio, Carlos V quiso practicar una política de diálogo y recurrió a las armas.

• AUNQUE CARLOS I DERROTÓ A BARBA ROJA, LA CIUDAD DE TÚNEZ SIGUIÓ EN SU SITIO.

b) E*n tiempos de Felipe* II

• Los turcos hicieron una guerra que se llamó Lepanto, que los *alegraba* del Imperio.

• Felipe II consiguió la batalla de Lepanto para él. Y con el grupo de Media Luna formó una Liga compuesta por la Santa *Verde*, Francia e Inglaterra. Al ocurrir estas dos batallas, Lepanto ya quedó vencido.

• Los otomanos turcos pretendían reunir a los predominios, pero el Mediterráneo se preparó y luchó contra ellos mismos.

• FELIPE II ALUCINÓ CON EL AVANCE TURCO Y FORMÓ LA LIGA SANTA.

• Los turcos hicieron una guerra durante la batalla de Lepanto, y Felipe II hizo que se derrumbase todo sobre la batalla de Lepanto.

Población, economía y sociedad en la España del siglo XVI

a) *La población*

• La población era bastante elevada, excepto en Portugal y en Flandes, donde no pasaban de diez.

• La población vivía en contra de los héroes y estaban inquietos porque los Austrias empeñaron las costumbres austeras.

• Caros I hizo una edición de Nantes en América.

b) *La economía*

• Pues que en el siglo XVI, con tantas guerras como tenían, hubo que traer mucho oro para las armaduras de la gente.

• Felipe II pidió bancarrota tres veces.

c) *La sociedad*

• EN EL SIGLO DE FELIPE II LA GENTE DEL PUEBLO SE PUSO LA MAR DE INTELIGENTE.

• Los agricultores se hicieron *corte sanos* ya que estaban en muy malas condiciones o precarias.

• Felipe II quería restablecer la religión que era muy dura, y la nobleza, que era muy *ausentera*.

• Abundaron los mendigos y pícaros en la Iglesia católica.

EL IMPERIO ESPAÑOL EN AMÉRICA

La conquista de México

• Hernán Cortés salió del puerto de Palos y se lió con un grupo de indios.

• EL EXTREMEÑO CORTÉS DERROTÓ A LOS AZTECAS DESPUÉS DE REFORMARSE O DE TRANSFORMARSE EN NO SÉ QUÉ.

• Los españoles derrotaron a los aztecas en la *tumba*.

• Cuando México luchó fue la guerra y ganaron y fue la conquista de México. Y todo México se puso tan contento que, claro, fue la conquista de México porque México ganó.

La conquista del Perú

• Pizarro salió de *Pana má* con un barco *forrado* por Diego de Almagro y un sacerdote, *Erniado* Luque.

• Luque dio todos sus ahorros para la empresa de conquistar Perú.

• Diego de *Alpaco* y el hermano del *Duque* se fueron al Perú, que estaba allí.

• Pizarro y otros descubrieron un montón de cosas y hasta le pusieron a una isla el nombre de Nueva España.

• A Pizarro lo acompañaron Diego, Germán y Luque.

• PIZARRO CONQUISTÓ PERÚ CUANDO PASABA POR ALLÍ.

La conquista de Chile

• García Hurtado de Mendoza hizo *misionero* a Caupolicán. Entonces los araucanos se sublevaron y conquistaron Chile.

• Paco Pérez conquistó Chile.

Otras conquistas en América

• Pedro fundó el río Magdalena en América del Sur.

Expansión por el Pacífico

• En el Pacífico se encontraron las islas Filipinas, descubiertas por España democráticamente.

• Los españoles quisieron conquistar el Pacífico, pero lo único que vieron fue a Filipinas.

La conquista de Filipinas

• La verdad de la verdad es que esa era una cosa muy buena, ya que la vida misma fue una cosa de las buenas de la vida y los misioneros no podían hacer más que solucionar a la gente a la puerta de la vida misma.

• DESPUÉS DE LA VUELTA AL MUNDO, LOS ESPAÑOLES EMPEZARON A INVESTIGAR EL PACÍFICO, PERO SÓLO ENCONTRARON ISLAS.

• En mis estados no se da el Sol, dijo Felipe II. Aunque otros creen que dijo que en sus estados no salía el Sol.

• FELIPE II DIJO: EN MIS ESTADOS NO SE REPONE EL SOL.

Las Leyes de Indias

• Asesoraban a los reyes sobre el levantamiento de tierras en América.

• Las Leyes de Indias eran para los indios de España.

• El intercambio de alimentos se trataba en la Casa de Contratación.

• El Consejo de Indias hacía mapas de la cultura.

• El Consejo de Indias era un consejo que los españoles habían dado para poder cultivar mejor las tierras y los indios.

• El Consejo de Indias era un levantamiento defensor contra los indios.

La administración colonial

• La Casa de Contratación hizo de monopolio en América.

• Sevilla fue el *mono polio* de Europa.

La sociedad colonial

• La encomienda era la tierra con un indio dentro, para cuidarla. Si alguien la compraba, tenía que ser con el indio dentro también.

• Los encomenderos tenían que defender a los indios del catolicismo.

• Los indios acusaron a los colonos por insultos a su persona.

La mita

• Se llamaba mita a la recolección de indios para trabajar en colectivo y con los salarios más duros.

• LAS MITAS ERAN LAS MUJERES DE LOS MITOS; COMO LOS MINISTROS O MUJERES DE MINISTROS ENTRE LOS INDIOS.

Las reducciones

• En las reducciones los indios hacían los trabajos más forzosos.

• En las reducciones entraban un número claro de indios y ni uno más.

• Los españoles entraron en India y se llevaron las tierras junto con los indios.

La economía y la cultura en la América española

a) *La economía*

• Los españoles introdujeron la cría de azúcar en América.

• De América, el producto que hacía más bienes era la exportación de petróleo.

• La economía estaba mal porque los indios tenían que cazar su propia comida. Entonces esto demuestra que la economía estaba mal.

b) *La cultura*

• GARCILASO Y SOR INÉS FUERON PERSONAS LITERALES.

• Hubo en América grandes géneros literarios como Garcilaso y *Sor Juan*.

El mercantilismo

• Mercantilismo era el que contaba el oro y la plata de un país para que el Estado estuviera siempre repleto.

• Las aduanas eran un impuesto revolucionario para los productos extranjeros.

• El mercantilismo quería que los monarcas estuvieran siempre llenos.

EUROPA EN EL SIGLO XVII

La época del absolutismo

• LOS REYES ABSOLUTISTAS DECÍAN QUE SÓLO A DIOS DEBÍAN REÑIR CUENTAS.

• Era la forma que tenían los monarcas de dar gracias a Dios.

• Con la monarquía autoritaria el rey dejó de ser feudal para convertirse en cabeza de familia.

La política interior de Luis XIV

• Luis XIV perdió sus objetivos de toda Francia e hizo cosas para que su poder no se fuera gastando.

• Cuando se estaba haciendo, Luis XIV convirtió Versalles en una sala de fiestas.

• Los hugonotes se tomaron la libertad de huir de Francia con Luis XIV.

La política exterior de Luis XIV

• En la guerra de los treinta años, los protestantes eran alemanes y los religiosos españoles, creo.

• LA GUERRA DE LOS TREINTA AÑOS SE DENOMINABA ASÍ NO PORQUE DURARA TREINTA AÑOS, SINO PORQUE DURÓ MUCHO. TUVO LA MISMA DURACIÓN QUE LA GUERRA CIVIL ESPAÑOLA, POCO MÁS O MENOS.

Inglaterra y Holanda: dos países donde no triunfó el absolutismo

• En Inglaterra, Carlos I Estuardo quiso *plantar* el absolutismo, pero no lo dejaron.

ESPAÑA EN EL SIGLO XVII

El reinado de Felipe III

• A tanto llegó la democracia con Felipe III que los validos se querían apoderar de todo.

• Felipe III le dio la llave de España al duque de Lerma.

• La expulsión de los moriscos fue mala, porque los moriscos hacían territorios más rápido.

• La expulsión de los moriscos le sentó mal a la agricultura.

• El duque de Lerma llevó a España por su destino adelante, pues los moriscos trabajaban con gran afición las tierras del señor.

El reinado de Felipe IV

• Felipe IV *recorrrió* el desgobierno y los españoles no vieron ni un año de paz.

• DURANTE EL REINADO DE FELIPE IV ESPAÑA PERDIÓ A LOS POLÍTICOS QUE TUVO EN EL SIGLO ANTERIOR.

• En el reinado de Felipe IV compraron los frutos del desgobierno anterior pero los españoles no vieron ni un duro.

• DURANTE ESTE REINADO SE EXPULSÓ A LOS PAÍSES BAGOS.

• El conde-duque de Olivares metió a España en guerras que engordaron su ruina.

• El reinado de Felipe hizo fruto de su desgobierno.

• Olivares sometió a la política centralista en varios levantamientos, pues Felipe IV en su reinado iba recogiendo los frutos del desgobierno mismo.

El reinado de Carlos II

• En España había tanta decadencia que los extranjeros le quitaron a Carlos II el puesto de contratación que tenía.

• CARLOS II TUVO COMO REGENTE A SU MADRE MARRANA DE AUSTRIA.

• Al morir Carlos II consiguió acabar o extinguir a la Casa de Austria, que llevaba allí desde Carlos I.

• Carlos II siempre quería lo mejor para sí mismo.

• Carlos II era un hombre flojo.

• Carlos II según le puso el nombre de su hermano *basto* Austria, le dio el trono.

• A la muerte de Carlos II se quedó vacía la casa donde reinó en España.

• A la muerte del rey se independizó de la casa de Austria.

La América española en el siglo XVII

• En este siglo en América se cogieron más territorios, aunque no por eso se hizo más chica.

• Los extranjeros registraban a los españoles cuando llegaban a Sevilla por su decadencia.

• Los barcos españoles eran *saltados* por Inglaterra y Francia con sus respectivos gobiernos.

• En este siglo España no sólo mandó en América, sino que introdujo menos países allí.

• América era un país que no podía gobernarse porque estaba en poder de Carlos II.

• La decadencia española también se dejó ver por América.

La población española en el siglo XVII

• España perdió un gran gentío y por eso perdió el poder judicial en el siglo XVII.

• La nobleza ayudaba a que la palabra del rey fuera única.

• EN EL SIGLO XVII EN ESPAÑA ESTABA MAL VISTA LA COMPRA Y VENTA DE PERSONAS.

• La vieja nobleza podía permitirse el lujo de tener privilegios.

• En el siglo XVII nos *excrementamos* con los extranjeros de América.

La economía española en el siglo XVII

• Los reyes españoles endeudaron a los banqueros extranjeros, y les teníamos que pagar el oro y la plata que llegaba de América.

• La artesanía textil quedó despoblada.

• LA ECONOMÍA ESTABA FATAL Y LA SOCIEDAD ERA BASTANTE BUENA PORQUE AGUANTABA TODO.

• Las principales ciudades artesanales tuvieron que emigrar.

• En esta época empezaron a crecer los mendigos que se harían mayores en el siglo siguiente

HISTORIA CONTEMPORÁNEA:
DE LA ILUSTRACIÓN A JUAN CARLOS I

LA ÉPOCA DE LA ILUSTRACIÓN

Definición

• La Ilustración era un capital que los reyes se encargaban de pedir a los campesinos.

• LA ILUSTRACIÓN FUE MANDADA POR TRES REYES: RUSO, MONTESQUIO Y VOLTARE.

• Los ilustrados no querían a nadie y por eso echaron a los supersticiosos.

• Los campesinos organizaron una Ilustración porque querían los mismos privilegios que el rey y los reyes que habitan en la Corte no dejaban tenerlos.

Montesquieu

• Los ilustrados preferían el *cante* a la belleza.

• SEGÚN MONTESQUIEU EL PODER ABSOLUTO DE LOS REYES DEBÍA ASENTARSE; ES DECIR, QUE SE ESTUVIESE QUIETO. SIN EMBARGO, LOS MONARCAS NO QUISIERON ASENTARSE.

Voltaire

• Voltaire tenía un título llamado espíritu *en* leyes.

• Según Voltaire, la vuelta a la Naturaleza, la intolerancia y la libertad se consiguen obedeciendo a las leyes.

• Voltaire era conservador de sí mismo y de sus leyes.

Rousseau

• En El *contrato social*, Rousseau le dio la vuelta a la Naturaleza.

• Rousseau separaba los tres poderes en ejecutivo, judicial y resolutivo.

La Enciclopedia

• La E*nciclopedia* era un *dicionario* del pueblo atacado por el pueblo en 1879.

• LOS ILUSTRADOS, ANTES DE SACAR LOS LIBROS EN TINTA, DABAN A LEER LOS LIBROS AL REY, POR SI SE METÍA CON ÉL O SUS DESCENDIENTES.

• La *Enciclopedia* fue una *molumental*, pues *recolectaba* todos los conocimientos de la época.

El Despotismo ilustrado

• El Despotismo influyó en los ignorantes del poder por la superstición y la *innorancia*.

• En el Despotismo ilustrado se disputaba todo.

• LOS PRINCIPALES DEPORTISTAS ILUSTRADOS FUERON ROUSSEAU Y CARLOS III DE ESPAÑA.

La sociedad europea en el siglo XVIII

• Los campesinos no aspiraban a tener importancia.

• Las clases populares tenían una clase muy popular.

• LA SOCIEDAD EUROPEA DEL SIGLO XVIII ESTABA DIVIDIDA EN ELEMENTOS.

Las nuevas doctrinas económicas del siglo XVIII

• El *puricambismo* era una doctrina económica para pedir materiales en oferta. Fue nombrado por *Smithsss*.

• A la *fisiocracia* le dio mucha marcha el inglés Simón Bolívar.

EUROPA Y AMÉRICA EN EL SIGLO XVIII

El equilibrio europeo (1713-1740)

• El Tratado de Utrecht puso en orden de equilibrio a Europa.

El nacimiento de Rusia como gran potencia

• En el siglo XVIII Rusia tenía una gran extensión, pero no la había desarrollado todavía.

• Rusia fue levantada de su estado por Pedro y su familia. Gracias a esto Rusia se convirtió en el Estado europeo más poderoso después de Asia.

El nacimiento de Prusia

• Prusia era un país muy grande, pero muy pequeño en posibilidades.

Las trece colonias inglesas en América

• Las trece colonias gozaban de un importante *desinterés* económico.

• Los hombres no podían vivir con libertad de expresión y por eso decidieron subir los impuestos.

• A mediados del siglo XVIII América estaba a la orden.

Causas de la independencia americana

• En la independencia de América había unas colonias que estaban más enfadadas que otras.

• En la parte oriental de Estados Unidos vivían trece colonias. Las ocho de arriba vivían de la industria y las cinco de abajo vivían de la ilustración. En estas colonias se respetaba mucho la Constitución española.

La Constitución de los Estados Unidos

• Los colonos de Estados Unidos se estudiaron la independencia antes de nada.

• En la Constitución el poder legislativo lo enfocaban la democracia y el Senado.

• Esta Constitución dio ejemplo a otras Constituciones de América.

ESPAÑA EN EL SIGLO XVIII

Los Borbones en España

• Con el Tratado de Utrecht, se le acercó el trono español a Felipe V.

• Tras el Tratado de Utrecht, Gibraltar y Menorca pasaron a disposición de Gran Bretaña.

El reinado de Felipe V

• Felipe V era resuelto, pero más tarde se dedicó a su esposa, por lo cual se debilitó. Firmó con Francia un papel llamado Parto familiar.

• Felipe V era un hombre resultante y *energético*.

• Felipe tuvo dos esposas y las dos estaban unidas en su vida porque fue un hombre muy potente.

El reinado de Fernando VI

• Ensenada hizo pósitos para que los años de poca agricultura se pudiera plantar mejor.

El reinado de Carlos III

• A Carlos III lo nombraron partidario de la paz porque tenía a España muy al corriente de las guerras que sucedían en España.

• Carlos III se colonizó con colonos en Sierra Nevada.

• Con él, España entró en el Tratado de G*utrég*, y tuvo un rey, Felipe V, por lo que perdió la guerra de G*ibrartás*. Y el segundo Pacto de Familia, que estaba en el *segtor* secundario.

• Carlos III era hijo de María de Saboya y de Felipe V, que murió sin dejar sucesión.

• Carlos III dejó que los jesuitas se fueran de España con el B*otín* de Esquilache.

La sociedad española en el siglo XVIII

• En este siglo la sociedad española creció mejorablemente.

La economía española en el siglo XVIII

• En la economía española se hicieron o se fabricaron la *biz*, el trigo... y también había fábricas de trigo. La usaban para cuando se quedaban sin comer, pues comían trigo u otra cosa.

• LA ECONOMÍA ESPAÑOLA SUBIÓ A LA PLANTA ALTA.

• Las mejoras en la agricultura se hicieron gracias a la ganadería.

LA REVOLUCIÓN FRANCESA Y EL IMPERIO NAPOLEÓNICO

La reunión de los Estados Generales

• Los Estados Generales lo formaban nobles. Éstos se morían por cualquier cosa que hicieran en la guillotina. Luego las cabezas las tiraban por cualquier parte. A esto se llamó Asamblea Constituyente.

• Los nobles se opusieron a los Estados Generales y perdieron la oportunidad de no pagar impuestos.

• EL JURAMENTO DE LA ASAMBLEA SE DENOMINÓ JURAMENTO DE PELOTAS.

• Los notables se negaron a la reforma porque así no perdían la virtud de ganar dinero.

• La Asamblea de Notables pretendía curar los problemas que tenía Francia en aquellas fechas con su dinero.

La Asamblea Constituyente

• Según los franceses, los curas debían de ser también elegidos por el pueblo, pero sin el pueblo.

• En la Asamblea Constituyente inventaron o hicieron un juego de *pelotas* para intentar gobernar.

• La Constitución francesa aprobó el clero, la gente *nobelera* y la declaración.

La Convención Nacional y el Terror

• El terror y la muerte se sembraron en Francia, cuyo principal representante fue R*ospepierre*.

• Los franceses estaban muy mal en economía y Robespierre perseguía a todo aquel que se sospechaba que era sospechoso de *debilitación*.

• Robespierre condenaba a muerte a todo aquel que mostraba signos de *maduración*.

• Robespierre persiguió a todo aquel que era sorprendido de sospechoso de *modernización*.

• A LA CONVENCIÓN NACIONAL LE PUSIERON EL NOMBRE DE TERROR DE LOS POBRES, PORQUE LAS GENTES QUE NO ERAN BUENAS ERAN JIYOTINADOS, QUE QUIERE DECIR QUE TODAS AQUELLAS PERSONAS QUE NO HICIERAN NADA BUENO PARA EL PUEBLO O HICIESEN FRAUDES, SERÍAN MUERTAS BAJO UNA COSA LLAMADA JILLOTINA.

• *Monterrie* o *Robserpierre* se quedó a cargo del Terror y no perdía de vista a nadie.

• El Terror era la guillotina.

• Cuando la gente vio que guillotinaban a Luis XVI y a su mujer, no quería ya nadie ser rey.

El Directorio

• Robespierre empezó a sentir terror de su propio terror y fue guillotinado.

• LE VOY A HABLAR PRIMERO DE LA PRIMERA PREGUNTA (EL TERROR) PORQUE SINO NO SÉ CÓMO EMPEZAR. EN LA PRIMERA PREGUNTA HABÍA UN CACHARRO LLAMADO LA GUILLOTINA. CONSISTÍA EN ATAR A UNA PERSONA DE PIES A LAS MANOS, LE RAJABAN LA CABEZA Y LO MATABAN LUEGO. PERO EL PUEBLO ESTABA ATERRORIZADO Y ENTONCES DECIDIERON INVENTAR UNA PENA DE MORIR MENOS TRÁGICAMENTE.

• El Directorio era cuando las personas o los campesinos decían que no querían rey y lo decían en serio. Entonces llegó al reino R*obezpierre* y este rey quería que matasen a las personas que hiciesen cosas malas y sin importancia. Y los campesinos o *sinculotes* estaban ya hartos de tanto y tanto. Entonces le dijeron al rey que no querían que gobernase nadie y lo *aguillotinaron*. Y luego una mujer, llamada Antonieta, llegó y dijo que quería gobernar y también la *aguillotinaron*.

Napoleón

• Napoleón tenía caracteres hereditarios como emperador.

• Tras dar varios golpes, Napoleón dio uno *abrumario*.

• NAPOLEÓN, O BIEN MURIÓ, O BIEN FUE ENVENENADO.

• Napoleón fue nombrado cónsul *benedictino*.

• Napoleón se hizo cónsul *vital*.

• Napoleón quería tener a su lado al Imperio, pero las personas que había en el Imperio no quisieron. Por eso empezó siendo consulado y terminó de Imperio, porque decayó.

• Napoleón acabó con el Directorio de un golpe y se eligió como sufragio universal de las nuevas naciones europeas, pero éstas se *reclamaron* independientes.

• Napoleón puso fin al *feractorio* económico y con un golpe *destado* cayó en tres partes y Napoleón fue convocado primera parte hereditaria de vital importancia. Más tarde, cuando el rey Luis XVI fue a nombrarle Emperador cogió la corona, se la puso y dijo: A mí no me corona *naiden*.

• Napoleón se llamó así porque era el rey de Francia. No le querían porque era malo y mandaba a las personas, y eso es lo que no querían. Entonces las personas que vivían *porai* lo echaron y a los pocos años volvió y él no se rendía. Las personas estaban hartas de él y cuando volvió lo echaron otra vez y lo llevaron a una isla y de allí no se movió ya. Entonces llegó su hermano Juan Bonaparte (botella) y le dijo a Napoleón que él no iba a tener hijos ni esposa y el hermano empezó a reinar a la vez.

Las batallas napoleónicas

• Napoleón junto con la flota española quiso derrotar a Inglaterra, pero la flota fue derrotada mucho antes y Napoleón perdió la derrota.

• Napoleón era malo y muchas veces lo echaron de su país y de otros países y los ciudadanos no querían que gobernase él porque era francés y las personas le *dijieron* que se fuese porque no querían que gobernase él y siempre hacía lo que quería y si decía que sí tenía hijos que gobernara él y gobernó José I Botella, su hermano, porque lo dijo él y *Napo león* se fue.

• Napoleón quería tener satélites en Europa mandados por amigos y parientes suyos.

EL REINADO DE CARLOS IV Y LA GUERRA DE LA INDEPENDENCIA

Carlos IV: personalidad y política interior

• Carlos IV tenía celos de su hermanastro en su política interior.

• Godoy era cabeza en el Estado.

• GODOY DECLARÓ LA GUERRA A FRANCIA. AL PRINCIPIO, LA GUERRA SE DECLARÓ FAVORABLE A ESPAÑA, PERO LUEGO CAMBIÓ DE OPINIÓN.

• Godoy se formó en las clases de los ilustrados *Florindablanca* y Aranda.

• Carlos IV quiso ayudar a Felipe VIII, pero cuando lo decapitaron le dio la paz a Francia.

• A CARLOS IV SU MUJER LO TUVO MUY REPRIMIDO.

• Carlos IV estaba siempre con María Luisa porque era su mujer. Aunque detrás estaban *siempres* Aranda y *Flor de Blanca*.

• Mientras Carlos IV era hijo de Carlos III fue rey de España.

Política exterior de Carlos IV

• Francia firmó con España la batalla de Trafalgar.

• Carlos IV se dedicaba a coleccionar coches antiguos.

• En Trafalgar, la escuadra franco-española fue derrotada por la *iglesia* mandada por Nelson.

• Napoleón quería dividir Portugal en tres trozos iguales y dárselos a Godoy.

El motín de Aranjuez

• Napoleón entró en Madrid con una tropa cargada de 300.000 hombres.

• Carlos IV tenía de ministros a Floridablanca y a Aranda, pero en la República francesa los cambió por Godoy.

Las abdicaciones de Bayona

• Napoleón atrapó a Bayona y la llevó a las Cortes españolas donde la obligaron con Fernando VII.

• Napoleón hizo que *Mayona* viniera a España para que entregara el trono a Carlos.

El 2 de mayo

• AQUELLO FUE UNA PLAGA DE INDIVIDUOS QUE SE MATABAN UNOS A OTROS.

Las guerras regulares

• El pueblo de Madrid se puso de pie contra los franceses.

Las guerrillas

• A ESTOS HOMBRES DE LAS GERRILLAS LES GUSTABA HACER GERRILLAS DE TODAS LAS FORMAS, COMO LA DE CARA BOBO Y TRAGABUCO. ERAN COMO GUERRAS QUE NO LA COMBATÍAN LOS POBRES, SINO POLO MENOS 300.000 HOMBRES.

EUROPA Y AMÉRICA DESDE 1815 HASTA 1870

El Congreso de Viena

• En el Congreso de Viena se repoblaron los tronos con nuevos reyes.

• Según el Congreso de Viena, Napoleón debía de hacerse independiente sobre España.

La Santa Alianza

• Los firmantes de la Santa Alianza estaban expuestos a recibir ayuda de otros países *revolucionados*.

La época de las revoluciones

• La revolución de 1830 dio lugar en América a dos nuevos estados: Italia y Alemania.

• En la época de las revoluciones el mundo estaba lleno de revoluciones. Era la época donde había más revoluciones, ya que por lo menos hubo tres.

La unidad alemana y la italiana

• Entre 1857 y 1871 surgieron en España dos nuevos países: Alemania y Francia.

La independencia de la América española

• LOS AMERICANOS SE INDEPENDIZARON CADA UNO POR SU CUENTA.

• Argentina se independizó y B*irray* se tuvo que ir a Colombia.

• América está dividida en *oceánicos* y la primera fase es cuando todos los países querían combatir con la América española candada *de* Monroe.

La consolidación de los Estados iberoamericanos

• La consolidación fue muy mala, porque se consolidaron en Iberoamérica.

La doctrina Monroe

• Monroe consiguió la independencia de Chile y Godoy la del Perú.

• Hay muchas doctrinas como la cristiana. Pero la más importante es la de Monroe, que tenía más doctrinas y no quería hacer otra más.

ESPAÑA DESDE 1814 HASTA 1875

La restauración absolutista

• Andalucía se convirtió al absolutismo y se agrupó en poderes con el capitán Espartero.

• Fernando VII dio un golpe liberal y se quedó con el cargo de Isabel II.

• FERNANDO VII DIO DE BAJA A LAS CORTES DE CÁDIZ. ESTO SUCEDIÓ ENTONCES.

• Fernando VII era hijo de Fernando VI. Tuvo muchos privilegios y sólo tenía que hacer una cosa: tener o mantener bien el reino. Participaba en las fiestas.

• FERNANDO VII ERA EL REY, PERO PASÓ ASERLO SU HERMANO PORQUE ÉL NO TENÍA HIJOS/AS. SU HERMANO ERA CARLOS I, EL CUAL LUEGO TUVO UNA HIJA, QUE SE LLAMABA ISABEL LA CATÓLICA. ENTONCES FERNANDO VII PASÓ ASER LA JEFA DE SU HIJA Y HAY COMO UNA GUERRA. LOS QUE IBAN CON CARLOS SE LLAMABAN CARLOTAS Y LOS QUE IBAN CON ISABEL SE LLAMABAN ISABELINOS. AL FINAL PASÓ A SER ISABEL LA DUEÑA DE TODO.

• Fernando VII viajó mucho por todo el mundo en su vida, y había un sitio donde las mujeres no podían reinar y Fernando quitó eso para que su hija pudiera entrar y Carlos I e Isabel la Católica se enfrentaron.

El trienio liberal (1820-1823)

• Fueron tres años en que los españoles estuvieron libres, es decir, que no estuvieron a las órdenes de ningún rey porque él había muerto y mientras buscaban otro rey tardaron tres años porque el rey que buscaban no estaba en el país. Por eso se llamó un trienio que fue liberal.

• Aprovechando el silencio en Andalucía porque iba a ser trasladado a América, Riego se sumergió en las Cabezas para que no lo cazasen.

La década ominosa (1823-1833)

• En 1820 Fernando VII iba detrás de los liberales hasta que derogó la Constitución de las coronas de Cádiz.

• Los liberales fueron desamortizados de la Constitución de 1812.

• El rey se fue persiguiendo absolutistas, el mandamiento se extinguió, el rey se murió y el trienio continuó hasta que en el Congreso de Verona se decidió.

El problema sucesorio

• A CARLOS ISIDORO NO LE PARECIÓ BIEN QUE ISABEL II SE SUBIERA EN EL TRONO Y, RENEGANDO, SE FUE A PORTUGAL.

• Carlos María Isidro se sublevó en honor a la Constitución de 1812.

• Cuando Fernando VII no tenía hijos varones publicó una cosa que ponía frente a la Ley Sálica y así podía gobernar su hija. Luego rompió esa Ley.

• Fernando VII dejó la regencia a su familia, pero a la que más le quedó fue a su esposa, pues como influía mucho se lo dejó todo.

• Fernando VII, al ver que no tenía hijos de raza varón, mandó crear la sanción *Sádica* para que María Cristina pudiera seguirle la corriente y pudiera gobernar.

La regencia de María Cristina

• Los progresistas trataron de recomponer a María Cristina.

• Isabel II fue nombrada reina por mayoría de edad en trece años.

• MAROTO Y ESPARTERO SE DIERON UN ABRAZO E HICIERON LAS PACES. PERO EL GENERAL NO ME HA CUERDO DURÓ VARIOS MESES MÁS EN EL MAESTRAZGO.

• Las guerras carlistas enfrentaron a moderados y protestantes.

• Cabrera duró dos años más en el *confesionario*.

La regencia de Espartero

• Espartero era líder de los *proyectistas*.

• Espartero era progresista fundamental y tuvo que dar la Ley del Ayer.

• Espartero era una cabeza progresistas y su regencia fue muy complicada, porque los moderados querían recomponer a María Cristina en su cosa de regente.

• Los moderados querían subir al trono a María Cristina, pero no pudieron.

Isabel II. La década moderada

• Según la Constitución de Isabel II la nobleza sólo era para el rey y las Cortes y no para el pueblo.

• Isabel II se inventó la Guardia Civil.

• FUE UNA ÉPOCA EN QUE LOS LIBERALES ESTUVIERON MODERADOS. FUE UNA ÉPOCA MUY BUENA PARA ELLOS PORQUE EL REY LES DIO LA LIBERTAD PROVISIONAL.

• Isabel II fue la tercera esposa de Fernando VII y a ésta no le dejó ninguna regencia porque se lo dio todo a su otra esposa.

Isabel II. El bienio progresista

• Los progresistas desamortizaron la Constitución de 1812. Entonces Isabel II mandó a la Constitución a hacer ferrocarriles, canales y carreteras.

Los últimos años del reinado de Isabel II

• Los liberales pasaron la Constitución al Gobierno para que la identificara.

• Isabel II se quedó sin Constitución porque se quedaron con ella los liberales.

• Las Cortes promulgaron a O'Donnell, también conocido por *el Vicalvarada*.

El Gobierno provisional del general Serrano

• LOS PROGRESISTAS SE NOMBRARON MAYORES DE EDAD CON SÓLO TRES AÑOS.

• El general Serrano fue el primer hombre en el que se puso a prueba el Gobierno provisional.

• LAS CORTES ELIGIERON A AMADEO DE SABOYA, QUE ERA EL ESPERTO PROPUESTO POR PRIM.

El reinado de Amadeo I

• Las Cortes se dividieron en estamentos de *prótesis* o Cámara Alta y estamento de los *proveedores* o Cámara Baja. Y como era tan moderado, ni los progresistas ni los moderados se pelearon esta vez.

• En el Congreso de *Mirona* las potencias animosas enviaron a España a Amadeo I, que era hijo de San Luis, para crear el problema sucesorio.

• Los liberales siempre iban detrás de Amadeo. Al final, cansado e incomprendido, se fue de España.

• EL PEINADO DE AMADEO I TUVO QUE ENFRENTARSE A MUCHOS PROBLEMAS.

• Amadeo, cansado y despistado, derogó, es decir, dimitió de rey.

• Amadeo no fue bien recibido. Antes de su llegada a Madrid fue asesinado. Después los paisanos pensaban que era un rey extranjero y lo trataron como mal; por eso él mismo se destronó y se desterró.

La Primera República

• Al principio había muchas repúblicas, pero luego la concentraron en una, que fue la primera.

• La Primera República duró sólo once meses, durante los cuales se incrementaron cuatro pretendientes.

• La Primera Repúbica duró la friolera de once meses con cuatro *residentes*.

• El primer republicano fue Figueras, que era único; el segundo fue feudal y los dos siguientes fueron pacifistas útiles.

• PI Y MARGALL HICIERON UNA REPÚBLICA SORPRENDENTE. (AUNQUE PARECE SER QUE EL QUE HIZO LA REPÚBLICA SORPRENDENTE FUE PAVÍA).

• Figueras era partidario de una República enlazada.

• La Primera República duró 11 meses en los cuales sólo sucedieron cosas y cuatro presidentes.

LA REVOLUCIÓN INDUSTRIAL

La Revolución agrícola

• Las zonas activas se cambiaron por las urbanas.

• Los abonos artificiales mataban a los insecticidas para las plagas.

• Se empezaron a cultivar nuevas tierras ya cultivadas con mucho *arrepentimiento*.

• Con los avances químicos se pudieron *contraer* insecticidas.

• Empezó el cultivo del maíz y del trigo a escala.

• Empezó en Inglaterra y se *extinguió* por Estados Unidos.

La Revolución industrial

• Esta Revolución apareció en Inglaterra y se extendió hasta Madrid.

• La industria se hizo mejor al meter en la caldera de vapor las máquinas de tejer e hilar.

• Se hizo en dos raíles una caldera de vapor y más tarde se hizo esta caldera con una máquina que se corría sobre ruedas. A esto se llamó *tránvia*.

Efectos sociales de la Revolución industrial

• El abaratamiento de los productos en todos los países, incluso en otros países.

• La economía se juntó sobre todo en la clase obrera.

• El dinero iba por las ciudades y así hacía más industrias.

El socialismo

• Se basaba en que de la lucha de clases saldrían triunfantes los proletarios con la propiedad *prohibida*.

• SEGÚN CARLOS MARX LO IMPORTANTE ES LA CURA DE LA IDEA Y NO LA IDEA MISMA.

• La aparición de la vida, pero no la vida, es lo que mueve la Historia.

• La lucha por la vida quitaría la dictadura a los obreros para dársela a los proletarios.

• En la lucha de clases ganarían los *prole*, que impondrían la fuerza bruta con la fuerza propia.

• La Historia la mueven las ganas de vivir.

• La idea mueve la lucha por la vida (anarquismo *historialista*).

El anarquismo

• Tras la lucha anarquista, cambiarán los lugares públicos por los privados; es decir, la lucha pública por la privada.

• Según Bakunin, había que destruir el Estado para liberar al individuo *apropiado*.

La Primera Internacional

• EN ESTE TIEMPO DEL SIGLO XVIII LOS SOCIALISTAS SE PUSIERON A PENSAR LO QUE TENDRÍAN QUE DECIR MÁS ADELANTE.

LA ÉPOCA DEL IMPERIALISMO

El equilibrio europeo en la época de Bismarck

• Bismarck quería que Alemania se hiciera gigante, es decir, una gran ciudad. Pero los demás no querían que *encogiera* su pueblo, así que empezaron a invadir territorios para adquirirlos y quedárselos.

• Bismarck fue un auténtico revolucionario industrial.

• Gran Bretaña en esto del equilibrio europeo se quedó como *natural*.

> • BISMARCK QUERÍA QUE ALEMANIA DOMINASE EL INTERIOR DE EUROPA Y GRAN BRETAÑA LAS AFUERAS DE EUROPA.

La expansión colonial

• Esta expansión fue distribuida por tres causas:

a) *Causas políticas*

• La expansión colonial tuvo lugar en Rusia.

b) *Causas económicas*

• Fueron las más importantes, porque los colonos europeos fueron una cosa que aumentó la economía, aunque a veces se quedaron con mucho de la mercancía.

c) *Causas sociales*

• Los gobiernos enviaban a las colonias a las gentes más *molestonas*.

La Conferencia de Berlín

• Cuando Bismarck quería repartir África, reunió a distintos continentes en una reunión y hubo tres puntos principales:

* Cogeremos un tramo de nuestras costas y las demás os las podéis quedar.

* Haremos un ferrocarril llamado Congo y lo compartiremos con vosotros.

* La expansión será muy grande pues tendrá una expansión que ocupará media colonia de Europa.

• Bismarck convocó a Berlín para *rebatir* África.

LA CULTURA EN EL SIGLO XIX

El pensamiento en el siglo XIX

• Según Hegel, la idea es el único principio de la humanidad para conocer el cuerpo humano.

• Según Darwin, la Naturaleza expulsa a todo aquello que es ajeno al ambiente. O que no soporta el medio en que vive.

• EL IDEALISMO ESTABA EN LA CABEZA DE CONTE.

• EL IDEALISMO FUE FUNDADO POR JE JEL Y DECÍA QUE LA PRINCIPAL FUNCIÓN DE LA IDEA ERA EL IDEALISMO CIENTÍFICO DE LA LUCHA DE CLASES.

La literatura romántica

• Esta literatura pensaba que la principal idea era el cuerpo humano.

• Después de tanto romanticismo los escritores se *casaron*.

La literatura realista

• EL REALISMO FUE EL PRINCIPAL REPRESENTANTE DE HEGEL, PARA QUIEN EL NACIMIENTO ERA DEFINITIVAMENTE HUMANO.

• La literatura realista fue principalmente romántica.

La pintura en el siglo XIX

• MONET SE QUEDÓ IMPRESIONADO POR SU PINTURA, QUE SE LLAMÓ POR ESO IMPROVISADISTA.

La arquitectura en el siglo XIX

• El estilo más impresionante fue el estilo macizo del neoclásico, como la capital de Madrid.

• Más tarde salió el arquitecto Gaudí, que inventó el cemento y el hierro, lo que permitió hacer edificios de gran tonelaje.

ESPAÑA DESDE 1875 HASTA 1902

La Restauración

• Martínez Campos hizo rey a Alfonso XII y luego le dio un pronunciamiento, pues se adelantó a los planes de que Alfonso XII fuera un pronunciamiento.

• En 1876 se proclamó una ley liberada de expresión.

• La Restauración fue un movimiento científico del siglo XVIII.

Alfonso XII

• Durante su reinado, Alfonso XII, tuvo que enfrentarse solo a la Segunda Guerra Mundial.

• Martínez *del* Campo pronunció a Alfonso XII como rey.

Sistema político de la Restauración

• Alfonso XII mantuvo alternativos a Cánovas, comunista, y a Sagasta, anarquista.

• En la tercera guerra carlista Alfonso XII se escapó de los altos del ejército y huyó a Francia.

• En la guerra de Cuba Sagasta se ocupó de la agricultura de subsistencia.

• El partido liberal reunía los grandes terratenientes en el ciclo medio.

• ALFONSO XII SE HIZO CARGO DE LAS DOS GUERRAS QUE TUVO EN FRENTE: LA TERCERA GUERRA CARLISTA Y LA OTRA.

• La guerra carlista explotó cuando el sucesor de Alfonso XII se sublevó en Francia.

• Se decretó la libertad del idealismo de expresión.

• Cánovas y Sagasta hicieron un *parto* con María Cristina en el Prado para promulgar una ley mayoritaria.

La regencia de María Cristina

• CUANDO MURIÓ ALFONSO XII SU HIJO POSTÚMULO NO HABÍA NACIDO

• Cataluña y el País Vasco quisieron nacionalizarse con María Cristina. Pero al morir ella, Alfonso XII siguió con el turno de partidos socialistas, conservador y liberal, y no pudieron hacer nada nuevo.

• María Cristina estaba embarazada, y al poco tiempo de morir su marido nació ya Alfonso XIII, que fue un hijo *pródigo*.

• Durante la regencia podían votar los que tuvieran un plan económico apropiado.

Política interior y exterior durante la regencia. La crisis de 1898

• Se inventó el sufragio censitario para que no pudieran declarar las mujeres su voto.

• María Cristina pidió una regencia porque al quedarse viuda no podía con el reino y con su hijo.

• La crisis de 1898: en esta época hubo una *grisis* que fue la que hubo en 1898.

LA PRIMERA GUERRA MUNDIAL Y LA REVOLUCIÓN RUSA

La Primera Guerra Mundial

• Alemania tenía previsto un ataque por relámpago contra Francia.

• A ALEMANIA SE LE OCURRIÓ UN PLAN DE GUERRA LLAMADO «RELÁMPAGO».

• Alemania quería dar un toque relámpago. Pero el archiduque Francisco Fernando sufrió un atentado *moral* en Sarajevo.

• La guerra fue aceptada por todos los que quisieron. Esta guerra fue con gases y con tanques. En el Este también había otra guerra, pero de tanques y de trincheras. La guerra era con Rusia y se quejaron a Polonia.

• A partir de 1917 los aliados se dijeron dos puntos. Y hubo unos acontecimientos que hicieron que la guerra fuera cayendo y los alemanes también.

• La intervención estadounidense hizo temblar a los alemanes.

• Pétain paró a los alemanes los pies. Y cuando los Estados Unidos entraron en la guerra se sacó toda la artillería pesada, la aviación, etc.

• Estados Unidos entró en la guerra por partes.

• Alemania se llevó por el medio a Bélgica.

• El káiser Guillermo II asustó a Francia con su política propia de batalla bélica.

• Se formaron dos *colunas*: la triple y la otra.

• EN LA PRIMERA GUERRA MUNDIAL HUBO: —10.000.000 MILLONES DE MUERTOS. —20.000.000 MILLONES DE BIBOS.

La Revolución rusa

a) Los *orígenes*

• Al principio del siglo XX los rusos vivían muy mal oprimidos:

• El zar empezó a gobernar con estilo *auténtico*.

• Los antecedentes fueron Antonio Maura y Francisco Franco, heredero de Austria.

• En San Petesburgo hubo una huelga general creada por el zar. Nicolás se unió a los soviets, pero al final el *azar* se volvió otra vez revolucionario.

b) *La Revolución de febrero de* 1917

• Los bolcheviques eran raciales al margen de la ley.

• Trotsky dio un golpe de Estado, pero los soviets le quitaron el golpe de Estado y entonces, como Trotsky era un inútil se marchó fuera.

• El zar se quitó de ser absolutista, pero luego volvió por Duma y se revolvió autócrata.

c) *La Revolución de octubre de* 1917

• TROTSKY, CON AYUDA DE SAN PETROAGRADO, DIO UN GOLPE DE ESTADO Y LENIN LE DIJO AL ZAR GUILLERMO QUE DIERA OTRO GOLPE A PETROGRADO (O PETER BURGO).

• Trotscky dio un golpe militar en los centros británicos y alistaron al Gobierno provisional.

• A *Volche Vique* no le gustó el plan que tenía Kerensky y al final se quedó con el plan, porque se lo quitó.

d) *La organización de la* Rusia *comunista*

• Rusia decidió meterse en la Primera Guerra Mundial y allí se perdió para siempre.

• La Revolución rusa atacó a España sin éxito.

> • LA REVOLUCIÓN RUSA FUE UNA REVOLUCIÓN MUY BRUSCA PORQUE SE REVOLUCIONARON TODOS LOS RUSOS.

• Kerensky huyó al extranjero y tras un inútil intento de organizar una exigencia, huyó al extranjero.

• Trotsky echó a Kerensky y entonces puso manos a la obra en poner otra vez al Gobierno en condiciones y al país bien limpio.

ESPAÑA DESDE 1902 HASTA 1931. EL REINADO DE ALFONSO XIII

La crisis de los partidos dinásticos

• Los partidos dinásticos se unieron con Alfonso XIII para formar una monarquía más abundante.

• EN BARCELONA SE CREÓ LA SEMANA TRÁGICA, PERO MAURA LA DESTITUYÓ POCO DESPUÉS.

• Alfonso XIII se subió en el poder a los 16 años y quería gobernar a Cánovas, pero no se lo permitieron.

• Entre los liberales destacaron *Canalillo* y Romanones.

• Alfonso XIII no pudo seguir con el turno de partidos porque Cánovas fue asesinado y poco después murió.

• ALFONSO XIII ERA ALFONSO XIII, POR LO QUE LE PUSIERON ALFONSO XII Y RECLAMARON A MARÍA CRISTINA REINA DE ESPAÑA.

• El Gobierno expuesto por Maura expuso sus leyes con fines benéficos. Después Alfonso XIII fue elegido rey a los 16 años y *giró* la Constitución.

• El Gobierno de Maura, de forma egoísta, hizo construcciones *nabales* y *Canejales* murió.

• Según la Ley de Mancomunidades, los políticos legalmente constituidos podían juntarse.

La crisis de 1917

• Con Alfonso XIII los catalanes tuvieron unas Cortes privadas.

• El desastre *anual* hizo disminuir la minoría catalana en las Cortes. Después el Gobierno de Maura se cayó dentro de la Semana Trágica.

• Desde que Sagasta murió, Maura no pudo ser rey otra vez de Sagasta.

• La crisis de 1917 en España no quería aceptar el concepto y al final aceptó la propuesta.

El fin del turno de partidos (1917-1923)

• La política de Sagasta cambiaba a las personas de la burguesía industrial por la burguesía comercial.

• Cuando Cánovas y Sagasta murieron se dividieron en varias corrientes internas individuales.

• Alfonso XIII quería proseguir con el turno de sus antepasados, pero Sagasta fue asesinado por parte del partido conservador y Cánovas murió por el partido liberal y eso quedó anulado.

El Directorio militar (1923-1925)

• Primo de Rivera creó el Directorio militar con soldados de alta graduación

• Primo de Rivera quería tener una Constitución *contitucional* y que en las elecciones hubiera republicanos y Cortes.

• PARA SOJUCIONAR A MARRUECOS DEL PROBLEMA QUE TENÍA, PRIMO DE RIVERA ENVIÓ DOS MILLONES DE SOLDADOS, QUE EN UN MES SE CALMARON.

• Primo de Rivera creó la Dictadura completa.

• Primo de Rivera, con ayuda de militares de grado alto, preparó el Directorio para aprobar una ayuda al Gobierno.

El Directorio civil (1925-1929)

• Primo de Rivera quería gobernar a lo liberal, o así.

• La Dictadura de Primo de Rivera fue una dictadura para los reyes de España.

• El Directorio civil estaba compuesto por un proyecto publicitario y estaba intentando solucionar problemas.

El Gobierno Berenguer

• El general Berenguer proclamó la excepción de los Estados y prohibió la vida pública.

• El general Berenguer era la dimisión del Directorio civil de quienes decían que era obligatorio hacer la mili.

• Berenguer *Dictablanda* cerró la Dictadura, abrió la monarquía y abolió la *clausura*.

Las elecciones de abril de 1931
y la proclamación de la Segunda República

• El ejército de *la jaca* se sublevó con Galán al frente contra la República de Franco.

• Los republicanos, los rusos y los otros hicieron un pacto, que era una *casa* común contra la monarquía.

• LAS ELECCIONES DE 1931 SE HICIERON PORQUE ALFONSO XIII NECESITABA UN NUEVO GOBERNADOR EN LA SEGUNDA REPÚBLICA.

• Aznar convocó las elecciones municipales antes que las legislativas para no poner en peligro su personalidad.

EL PERÍODO DE ENTREGUERRAS Y LA SEGUNDA GUERRA MUNDIAL

Los años de la posguerra (1918-1929)

a) La paz en los años veinte

• LOS AÑOS QUE SIGUIERON A LA PRIMERA GUERRA MUNDIAL ERAN MUY ABURRIDOS PARA LOS QUE HABÍAN GANADO LA GUERRA. ENTONCES SE PROVOCARON ACTOS SOCIALES PARA DIVERTIR A LA GENTE, COMO CABARETES, DESFILES DE MODELOS, ETC. Y TAMBIÉN CLASES SOCIALES.

• En Locarno se suavizó bastante el clima por aquel entonces.

b) La prosperidad económica en los años veinte

• Los materiales no encontraban sitio en los mercados de la plaza porque ya había muchos ajos y patatas.

• La *posteridad* de la economía estuvo acompañada de un crecimiento de la *duda*.

• Después de la Primera Guerra Mundial la confianza de los países vencedores fue *botada*, aunque más tarde se suavizó en un *parto* de *Kelos*. Y empezó a haber un noble ambiente de diversión entre los vencedores.

La depresión económica de 1929

• Los bancos sufrieron grandes inundaciones en 1929 con el escape de las acciones.

• A causa de la depresión los Estados Unidos se fueron a Europa.

• La depresión se inició en el estatuto y fue una crisis protagonizada con identidad.

• Los productos agrícolas ni entraban ni salían de los comercios.

• LOS BANCOS TUVIERON QUE CERRAR A LA VEZ QUE SE PRODUCÍA UNA BAJADA DE TENSIÓN EN LOS PRODUCTOS AGRÍCOLAS.

• La crisis del 29 fue una crisis porque las cosas que tenían que salir no salían y se subían por las paredes.

• En 1929, en Estados Unidos mucha gente padeció depresión *anatómica*.

Las consecuencias de la depresión económica

• Después de la depresión, Estados Unidos importó los países que estaban invertidos.

• Alemania se introdujo en la Sociedad de Naciones cuando los demás países estaban en Locarno.

• Europa también tuvo su depresión porque Estados Unidos les vendió todos sus capitales.

Los orígenes del fascismo italiano

• Mussolini importó fascismo e impuso a los italianos su confianza para que le votaran.

• Mussolini se convirtió en un hábil *removedor* de masas.

• A partir de 1930 Italia fue uno de los grandes de la batalla italiana porque Lenin fue el *investigador* del fascismo italiano.

• BENITO MUSSOLINI ESTUVO ESTUDIANDO A LOS ITALIANOS Y LUEGO SE HIZO UN HÁBIL DIRIGENTE DE MASAS. CUANDO HIZO UN PASEO POR ROMA SE LE SUMARON UNOS GRUPOS DE POLÍTICOS VIOLENTOS Y SIN LEYES, LLAMADOS CAMISAS NEGRAS. MUSSOLINI GOBERNÓ FASCISTOSAMERNTE Y DESDE ENTONCES EN ITALIA HUBO UN GOBIERNO INESTIMABLE.

• El rey Mussolini era un hombre que permitió todo a la gente, incluso en política.

• Mussolini se convirtió en el hombre ágil del Gobierno, pues Italia había tenido un gran éxito en la Primera Guerra Mundial. Por eso se alistó a la Segunda, pues tenía un gobierno más bien flojo.

Los orígenes del nacionalsocialismo alemán

• La Gestapo se encargó de que no hubiera ninguna oposición a la *destadura* de Hitler.

• LA GESTAPO SE ENCARGÓ DE CONVENCER A LOS QUE SE OPONÍAN A QUE REINASE HITLER.

• El trabajo independizó a Hitler.

• Hitler obligó al servicio militar obligatorio a entrar en un poderoso ejército de aviación.

La Segunda Guerra Mundial

a) *La guerra en Europa*

• Hitler había llegado lejos en su política y los países europeos le empezaron a declarar la guerra poco a poco.

• Hitler firmó el *Parto* de Acero con Alemania.

• Hitler desapareció de la Sociedad de Naciones y *consumió* la alianza entre Alemania y Austria.

• Alemania obligó a firmar la *antipatía* de Yugoslavia.

• Hitler huyó hacia Italia porque no podía parar a los alemanes y franceses.

• El general Montgomery *despidió* a los alemanes de África tras el desembarco estadounidense en Canadá y Marruecos.

• Hitler mandó una tropa a los *Varcanes* donde Europa estaba rodeada por unos ejércitos.

• EN SEPTIEMBRE DE 1959 HITLER LLEGÓ, O SE PRESENTÓ, A LA SEGUNDA GUERRA MUNDIAL.

• Los alemanes querían conquistar Stalingrado, que era una fuente petrolífera que estaba en el Mar *Capio*.

• Hitler dirigió sus tropas hacia los pozos petrolíferos del Mar Caspio porque se estaba quedando sin batería. Pero la batalla de Stalingrado fue una gran derrota para Alemania, que perdió 22 divisiones consecutivas.

b) La guerra en el Pacífico

• Los japoneses atacaron el servicio militar obligatorio estadounidense en Hawai.

• EL GENERAL MAC ARTHUR, PRACTICANDO, FUE APODERÁNDOSE DE LOS ESTRATÉGICOS MÁS IMPORTANTES EN EL PACÍFICO. PERO, SIN DUDA, LA BATALLA MÁS IMPORTANTE FUE LA DEL MAR DEL CORRAL.

• Estados Unidos mandó un ultimátum a los japoneses para que firmasen una paz inestable, pero no quisieron. Entonces les lanzaron unas bombas atómicas en Hiroshima y Nagasaki y los japoneses firmaron la paz inevitable.

ESPAÑA: LA SEGUNDA REPÚBLICA Y LA GUERRA CIVIL

El Gobierno provisional

• Durante el Gobierno provisional la economía anticlericalista quemaba iglesias y *convetos*.

• El Gobierno provisional de la República eran el ministro y el gobernador.

• En el Pacto de San Sebastián estaban también los *racionalistas* catalanes.

• El Gobierno y la Iglesia no pudieron estar juntos y se desanimaron porque no se llevaban bien con la religión.

• El Gobierno provisional se juntó con unas clases de problemas que fueron muy intranscendentes.

• A LA IGLESIA NO LE GUSTÓ QUE EL GOBIERNO QUISIERA LA SEPARACIÓN ENTRE EL CLERO Y LA IGLESIA.

La Constitución de 1931

• En las escuelas no se permitían las clases de religión porque el Gobierno no se llevaban bien con ellas.

• Azaña dijo que en las Cortes sólo podía entrar el diputado Congreso.

• SE LE PERMITIÓ LA ENTRADA A LAS MUJERES POR PRIMERA VEZ EN LA HISTORIA DE LA HUMANIDAD.

• Se prohibió al clero el derecho a comunicarse con la sociedad.

La República de izquierdas (1931-1933)

• N*eceto* Zamora realizó una reforma agraria de tipo cultural.

• Manuel Azaña tuvo la gran idea de dar clases sociales a los pequeños agricultores.

• Fue muy desfavorable para las derechas y no tanto para las izquierdas.

• Era una República que sólo los de izquierdas sabían lo que era.

Principales medidas del Gobierno Azaña

• Azaña hizo una clase social sólo para agricultores y ganaderos.

• La primera medida fue el latifundismo, que se vio reflejado en la quema de iglesias.

• El PC (Partido Comunista) fue fundado por Calvo Sotelo.

• El ejército pretendía pasar a la *reforma* a los generales que estuvieran de seis meses

Problemas a los que tuvo que hacer frente el Gobierno Azaña

• Lo de Casas Viejas produjo una gran reducción de muertes.

• EL PROBLEMA DE LAS CASAS VIEJAS SE PRODUJO CUANDO EL GOBIERNO DESTRUYÓ TODAS LAS CASAS DE CÁDIZ QUE NO ERAN NUEVAS.

La República de derechas (1934-1936)

• Estaba dirigida por Robles, que era izquierdoso.

• LERROUX DEVOLVIÓ EL DERECHO DE ASILO GUBERNAMENTAL Y LE COGIÓ TRES CAPITALISTAS AL GOBIERNO AZAÑA. ENTONCES, LOS DE IZQUIERDAS SE FUERON DE JUELGA A ASTURIAS.

• Los militares consiguieron que el Gobierno les reconociera el derecho a estar juntos.

La Revolución de octubre de 1934

• En Barcelona, el presidente Fidel Castro del Gobierno fundó el Estado catalán.

• *Campa*, que era presidente *generalista*, declaró el Estado catalán fuera de España cuando Lerroux firmó una CEDA.

• En Barcelona, Franco realizó una reforma alemana, lo que dio lugar a una República Federal Alemana.

• En Asturias los mineros levantaron en la mina a Niceto *Zamorano* y se sublevaron con dinamita y fuegos artificiales.

El período de gobierno del Frente Popular

• CON EL FRENTE POPULAR HUBO MUCHAS CAPITALES QUE SE FUERON AL EXTRANJERO.

• En las elecciones de 1936 triunfó el Partido Popular, que englobaba a todos los partidos *izquierdos* de España.

• Cuando mandaba Azaña en el Partido Popular, en Madrid los derechistas mataron al simpatizante Castillo, de izquierdas, y como represalia asesinaron a Fidel Castro, principal de la derecha.

• Fue asesinado el teniente Castillo, conocido por sus simpatías.

• El Gobierno del Frente Popular era un Gobierno que siempre estaba en el Frente Popular.

• Por el fracaso de la CEDA los simpatizantes de la derecha se hicieron mayores y los de la izquierda también se *lo* hicieron.

• El tiempo del Frente Popular provocó la *polinización* política de España.

La guerra civil española

• El 18 de julio de 1936 los soviéticos triunfaron en Marruecos y Canarias y Franco tomó el mando.

• LA GUERRA ESPAÑOLA FUE MALA. Y DIGO MALA PORQUE LO PEOR ERA QUE MORÍAN PERSONAS ADULTERAS Y NIÑOS SIN CULPAR.

• Franco puso sus tropas en la Península y desde allí pasó a Sevilla.

• FRANCO LLEVÓ A SUS TROPAS DESDE EL NORTE DE CHINA HASTA SEVILLA.

• El 18 de julio las tropas sublevadas habían llegado hasta el consulado de Marruecos y la clase media del ejército apoyó al ejército, mientras los otros se partían en dos.

Las ayudas exteriores durante la guerra

• Los antifeministas de las Brigadas Internacionales lucharon para matar a los italianos.

• Alemania ayudó a las tropas antifranquistas mientras la Unión Soviética ayudaba a los franquistas.

EL MUNDO DESDE 1945 HASTA 1980

La guerra fría

• En Berlín, para evitar éxodos, rodearon a todos los hombres con un muro *de vergüenza*.

• Estados Unidos, Gran Bretaña y Francia construyeron la República Federal en los territorios alemanes donde antes se constituyó la OTAN.

• El bloque político capitalista era un bloque donde sólo podían entrar los capitalistas. Si entraba algún comunista y lo pillaban, lo torturaban, mataban y asesinaban. Así era el bloque de los políticos.

Hacia la coexistencia pacífica

• En Cuba la revolución empezó cuando el *dictado* Fidel Castro lanzó sus tropas contra el mismo *bautista*, que era general por eso.

• RUSIA DEPOSITÓ SUS MISILES EN CUBA PORQUE EN EL ESTE DE EUROPA REINABA LA URSS.

La Revolución china

• Esto hizo que la tasa de producción de vida disminuyera y bajase el número de vidas.

• En China lucharon el partido democrático de Mao Zedong y el cristiano de *Chaca che*.

La descolonización

• La *escolonización* era que los *co lonos* salían de unas tierras para irse a otras más frescas.

• La India se descolonizó por el pasivo Gandhi; Túnez en un tono suave y Argelia lo hizo tras una dura lucha con *franco*.

El crecimiento económico (1945-1973)

• Debido al aumento de la economía se hizo una sociedad donde hubo causas y movimientos.

• Durante los años sesenta era frecuente tener

bienes de consumo, costumbres liberales y manifestaciones populares.

• CON EL CRECIMIENTO ECONÓMICO LA POBLACIÓN ASCENDIÓ A LA TELEVISIÓN.

Una nueva sociedad

• MARTIN LUTHER KING HIZO LA IGUALDAD DE LAS PERSONAS DE CARA NEGRA. FUNDÓ EL MOVIMIENTO DE LA HUMANIDAD.

• Con el movimiento feminista las mujeres podían hacer una vida normal.

Los principales conflictos de los años sesenta

• Israel y los árabes países vecinos se enfrentaron a causa del Estado árabe que ocupaba el territorio palestino. Y allí fue donde construyeron la OTAN.

• La Segunda Guerra Mundial fue cuando se enfrentaron Estados Unidos y *norbienamita*, y destruyeron a las tropas americanas. Esto fue cuando *vietna* estaba en el sur y la *réplica* democrática en el norte.

• EN CHECOSLOVAQUIA SALTÓ LA PRIMAVERA DE PRAGA, PUES LE QUERÍAN DAR MÁS LIBERTAD AL COMUNISMO; ES DECIR, LIBERAR AL COMUNISMO DE RUSIA.

ESPAÑA DESDE 1939 HASTA 1975. LA ÉPOCA DE FRANCO

La política exterior española hasta 1950

a) *Neutralidad en la Segunda Guerra Mundial*

• Franco mandó materias primas a Alemania, es decir, un cuerpo azul de voluntarios.

• FRANCO ESTUVO EN STALINGRADO COMO CABO.

• España se mantuvo neutral en la guerra, pero esto no impidió que Franco, gracias a su simpatía, mantuviese relaciones con Alemania.

b) El *aislamiento diplomático de* España

• Las potencias europeas congelaron a Francia para que no saliera fuera de España.

• El aislamiento democrático de España fue representado por la ONU.

• España quería entrar en la ONU porque tenía muchas curiosidades.

• Franco obligó a los hombres a trabajar en los sitios textiles como lanas, etc.

• FRANCO DIO DINERO A LA IGLESIA CON LA CONDICIÓN DE VER ANTES A LOS OBISPOS POR SI ACASO.

La política exterior española a partir de 1950

• A partir de 1950 le quitaron a España la neutralización diplomática comunista.

• Después de 1950, España pudo pertenecer a organismos mundiales gracias a FAO, OMS y ESTESO.

• ESPAÑA ENTRÓ EN LA ONU POR LA PUERTA DERECHA.

• Franco, en su época, se entrenaba con las elecciones de obispos: éste, sí, éste, también, éste, no.

• Al terminar el aislamiento, España pudo entrar en los organismos *Fae* tradicionalistas y de las *Jonh*.

• Franco devolvió el asilo político a la Santa Sede a cambio de intervenir en el nombramiento de los papas.

• Como la política exterior después de 1950 era exterior, se produjo fuera de España.

• Cuando terminó el sufragio de Franco, España ingresó y tuvo una amistad con la FAO, la UNESCO y las JONS.

• En 1950 España entró en la ONU, por lo que tuvo gran *simpática* con los árabes y pudo opinar de los demás países.

• Después del aislamiento democrático se acordó que el Estado español pagara al clero a cambio de que Franco fuera declarado obispo con palio.

El sistema político del franquismo

• Con Franco los representantes de las Cortes no eran elegidos por lo universal, sino por la organización sindical democrática.

• Los representantes a Cortes, con Franco, eran elegidos por el sindicato Democracia Orgánica.

• En el tiempo de Franco los representantes a Cortes eran elegidos por familias.

• Los miembros de las Cortes eran elegidos por sus familiares y amigos.

• FRANCO MANDÓ A CERRAR LOS PARTIDOS POLÍTICOS, EXCEPTO LA FALANGUE, LA OMS, LA UNESCO Y EL FALANGUISTA ESPAÑOL JOHN TRADICIONISMO.

• Franco prohibió todos los partidos políticos menos el de la Falange Socialista.

• Según el sindicato de Franco los empresarios y asalariados podían mantener relaciones interesantes.

• La sociabilidad y la sindicalidad elegían a Franco.

• Franco tenía a la libertad de expresión en reserva.

• La política de Franco disgustó a gran parte de la población, que se puso en contra del comunismo.

Las Leyes Fundamentales del régimen franquista

• Después de que despojaron de la ONU a Franco, su régimen proporcionó leyes *funcionales*.

• La ley del *Futuro* en España recogía los derechos iguales de la ley.

• Según el Fuero del Trabajo, España era un país hereditario.

• Según el Fuero de los Españoles, los españoles teníamos el deber de cumplir con los derechos.

• El Fuero de los Españoles recogía todas las individualidades de las viviendas y del municipio.

• SEGÚN EL FUERO DE LOS ESPAÑOLES, ESPAÑA ERA UNA MONARQUÍA NO HEREDABLE O UNA REPÚBLICA NO RENOVABLE.

• La Ley de Sucesión a la Jefatura del Estado era Franco. En ella se decía que lo más seguro era que habría un rey cuando él muriese.

• Franco tenía el poder sobre su persona. Podía gobernar a quien él le pareciese y ser presidente de cualquier persona.

• Franco podía dejar el puesto de rey a quien quisiera.

• UNA LEY FUNDAMENTAL ERA LA SEPARACIÓN DEL DESPACHO DEL ESTADO DEL DESPACHO DEL GOBIERNO.

La economía española durante el régimen de Franco

a) *La autarquía económica*

• Durante Franco no era muy abundante la economía en la sociedad; la verdad es que había unas veces más y otras veces menos economía o crisis de economía.

• La economía española con Franco no era buena porque todos los poderes tenían bastantes conocimientos de sus poderes y de Franco.

• Franco *confesó* todos los poderes en su persona.

b) *La reactivación económica*

• A pesar de la ayuda americana, en la economía española se produjo una fuerte *infección*.

• Durante la autarquía franquista hubo un fuerte reconocimiento y una fuerte censura de precios.

• Con Franco hubo una fuerte *inflamación* de la economía.

• En 1590, y después de terminar la guerra, la economía española se rigió por apañárselas cada uno con sus propias leyes. Y se activaron las fábricas que estaban desactivadas.

c) *La estabilidad económica*

• Franco creó nuevas empresas, pero hubo una gran *infracción*, pues con los Planes de Desarrollo España comenzó a tomar divisas y a ponerse mejor de *inestabilidad*.

d) *La expansión económica*

• La expansión fue muy *turista* con las remesas de los emigrantes.

La oposición al régimen de Franco

• Mientras Franco vivió, los Gobiernos vasco y catalán tuvieron funcionamiento de exilio; es decir, que pusieron a funcionar sus Gobiernos en el exilio.

• LOS DE LAS IZQUIERDAS HABLARON CON FRANCO PARA QUE DIMITIERA DEL EXILIO, PERO FRANCO SE NEGÓ.

• Franco se negó a reconstituirse en monarquía como don Juan, padre de Juan.

• Esta oposición fue una oposición que Franco mandó poner y quien no la cumplía era fusilado.

• JULIO IGLESIAS FUE EL FUNDADOR DEL PARTIDO SOCIALISTA ESPAÑOL.

• Las fuerzas políticas de Franco se opusieron al régimen franquista.

• La oposición a Franco fue por causa de la sublevación de *San Jurjo*. Por eso, Franco y *San Jurjo* fueron encarcelados.

• Numerosas personas presentaron su opinión a Franco, pero ésta no fue aceptada. Y les llamó opositores.

• EN ESPAÑA LOS DE DERECHAS QUISIERON QUE FRANCO DICTARA UNA CONSTITUCIÓN, PERO ÉL NO QUISO Y SÓLO LA ESCRIBIÓ.

EL MUNDO ACTUAL

Los Estados Unidos: la «era Reagan»

• Entre 1980 y 1992 los Estados Unidos estuvieron de dos Gobiernos; el reinado de Ronald Reagan y el reinado de George Buxh.

La URSS: la *perestroika* de Gorbachov

• A la *pereztroika* le fallaron los ministros, que se independizaron.

• Cuando *Corbacho* vio que la *rompidura* de la Unión Soviética era un hecho, *perdió* la dimisión.

> • LA CRISIS ECONÓMICA HIZO QUE GORVACHOV PERDIERA LA PRODUCTIVIDAD, AUNQUE LUEGO INTENTÓ LIBRAR A LOS ESTADOS UNIDOS DE LOS GRAVES AÑOS DE LA POSTGUERRA, PERO NO FUE CAPAZ TAMPOCO.

La revolución de 1989 en la Europa del Este y el fin de la URSS

• La revolución del Este estaba grave y fue en forma de cadena.

• Los países del Este de Europa tuvieron una crisis de *reproducción*.

El nuevo orden mundial

• Con la *desestimación* de la URSS, Estados Unidos pasó a prepotente, capaz de intervenir en todo partido político.

• Después de acabar la URSS, Estados Unidos era la única fuerza capaz de intervenir en un movimiento.

Áreas de conflicto en los inicios de los años noventa

• EN ÁFRICA NEGRA SE SUCEDIERON ENFRENTAMIENTOS TRIBIALES.

• El conflicto de México, cuyo conflicto más grave fue el de la guerra del Golfo, terminó cuando murieron muchos israelíes a miles.

La oposición Norte-Sur

• Los países del Sur tenían una renta muy *precipitada*.

EL REINADO DE JUAN CARLOS I

La coronación de Juan Carlos I

• Juan Carlos I acreditó un Gobierno y unas Cortes propias para ser acreditado de rey.

• JUAN CARLOS I FUE NOMBRADO REY O COMARCA DE ESPAÑA.

Los primeros gobiernos de la monarquía

• Suárez propuso una reforma, aunque la oposición solicitó la *astinencia*.

Las primeras elecciones y la Constitución

• En 1978 Suárez tuvo mayoritariamente votos, menos el PESOE, que tuvo *astinencia*.

Los gobiernos democráticos

a) El *último Gobierno de Adolfo Suárez*

• SUÁREZ LLEGÓ EL ÚLTIMO A LA VOTACIÓN Y POR ESO PERDIÓ.

b) El *golpe de* Estado *del* 23-F

• Tejero se saltó el C*onsejo* de los Diputados y el rey dio como una disculpa a los diputados por el incidente.

• La intervención de don Juan Carlos hizo que el intento se retirara de forma pacífica. Mientras, *Millán* del Bosch estaba de guerra por Valencia.

• A Tejero se le atragantó lo del Congreso.

c) El *Gobierno de Calvo Sotelo*

• Después de que Suárez dimitiera, la UGT eligió a Calvo Sotelo como presidente del Gobierno.

La política exterior de los gobiernos socialistas

• España firmó una gran cantidad de amistades con Estados Unidos.

LOS NIÑOS DE LA SEGUNDA ETAPA
(ESO QUE LLAMAN «E.S.O.»)

GEOGRAFÍA

España

El *relieve*

• El relieve de la España atlántica tiene un relieve que en verano es suave y en invierno es elevado y baña costas.

• El relieve de la España mediterránea es muy caluroso y se da el cultivo *de general*.

• La zona cantábrica es el Cantábrico, que pasa por el río Tajo. El relieve es abundante durante la primavera y el otoño.

La *economía*

• La mecanización era que antiguamente se tenían que hacer muchas personas y ahora sólo dos o tres.

• LO QUE MÁS PRODUCE LA TRASHUMANCIA ES LA VID Y EL OLIVO.

La España atlántica

• Está al lado de las costas, cerca de Escandinavia y las islas Canarias. Excepto la costa portuguesa, que está cerca del mar río Ebro y el archipiélago canario.

La España mediterránea

• Tiene clima templado, aunque no es tan abundante como el tropical, ni tan escaso como los templados.

• La temperatura mediterránea alcanza los 1.500 metros o más. Por eso es tan elevada.

• El clima mediterráneo tiene un clima bastante bien.

• En el Mediterráneo hay poca agricultura porque tarda mucho tiempo.

El río Tajo

• El río Tajo desciende por los ríos por donde pasa.

El río Guadiana

• Nace en Teruel, pasa por Castilla y León y se cruza con Cáceres *encagonándose* mucho.

• Nace en Madrid, pasa por Mérida y Badajoz. Sus afluentes son Don Benito y Villanueva de la Serena.

El río Guadalquivir

• El sistema periférico es el río Guadalquivir, que va desde el sistema costero-catalán a un pico que se llama *moncallo*.

El río Ebro

• NACE EN CANTABRIA Y LUEGO RECORRE TODAS LAS COMUNIDADES AUTÓNOMAS ANTES DE DESEMBOCAR EN MURCIA.

• El río Ebro cruza muchas comunidades después de recorrer el mar Mediterráneo. El río Ebro hace deltas.

Europa

• La ganadería ovina en Europa se ha multiplicado de cabezas.

• En Europa se dan dos tipos de ganadería: la extensiva y la pasiva.

• Gracias a la industria algunos países tienen mucha educación.

• En Europa el campo estuvo mucho tiempo retirado.

• En primavera las precipitaciones del medio continental son interinas.

Asia

• Asia es un continente que está muy solicitado.

• La población asiática está formada por mesetas y desiertos.

• La industria de Asia es muy económica.

• La agricultura asiática está en proceso de maduración.

• Asia tiene una economía dedicada a la pobreza y al incremento de la población.

África

• EGIPTO SE DEDICA A LA EXPORTACIÓN DE HIELO.

• En el mapa de África han quitado algunos nombres y han puesto otros más modernos.

- EN LA SABANA PARECE COMO SI LOS ÁRBOLES ESTUVIERAN ESPARCIDOS POR AQUÍ Y POR ALLÍ.

- La economía de los países africanos se halla dividiendo la pobreza entre la alimentación.

- En los países subdesarrollados de África habita más gente por su almacenamiento de proteínas.

- En los países subdesarrollados los nativos de África han edificado una economía inestable, que se mide por indicadores democráticos.

- A los países subdesarrollados les falta la sanidad porque tienen una renta *percapital* baja.

- La población de África está poco poblada. Por eso los africanos son abundantes.

América

- En Iberoamérica los gobiernos son muy desiguales y tienen poco nivel en su vida.

- Iberoamérica tiene recursos muy *flogos* importados del interior.

- La América anglosajona fue densamente despoblada por anglosajones.

HISTORIA

La Prehistoria

Las primeras creencias

• Los hombres creían que los dioses hacían que las mujeres hicieron cultivos buenos.

Los primeros pobladores

• Los primeros pobladores vivían al lado de los ríos, que era donde más crecían los animales y las plantas.

• LOS PRIMEROS POBLADORES ERAN DE PIEDRAS AFILADAS Y ATADAS A PALOS.

• Los hombres prehistóricos colocaban a sus muertos formando collares, alimentos, etc.

• Los neolíticos vivían al aire e *intercambiaban* a sus muertos.

• Las Venus prehistóricas eran órganos sexuales de las mujeres muy desarrolladas.

• La rueda servía para tirar de los bueyes.

• El hombre del Neolítico aprendió a domesticar sus propios alimentos.

Mesopotamia

• En Mesopotamia los dioses vivían escalonados como los reyes y sus familiares.

• EN MESOPOTAMIA LAS CIUDADES ERAN POLITEÍSTAS; ES DECIR, QUE CREÍAN EN MÁS DE UN REY.

Egipto

• En Egipto los escribas se encargaban de las *dictaduras* que mandaba el faraón.

• El faraón de Egipto tenía en una mano los poderes y en la otra el primer miembro.

• Las creencias que tenían los esclavos de Egipto era que su fe era trabajar.

• EN LOS TEMPLOS Y PALACIOS EGIPCIOS TRABAJABAN LOS TRABAJADORES. Y TRABAJABAN DE ESCLAVOS COMO SI NO HUBIERA OTRO TIPO DE TRABAJO.

Grecia

• En Grecia la nobleza la formaban las familias numerosas.

• En la ganadería griega trabajaban los humildes y los cómodos. Los rebaños de ovejas y cabras eran para la gente más humilde, que era de secano, y los cultivos de vacuno eran para los más cómodos.

• AMPURIAS QUIERE DECIR POLÍTICO EN CATALÁN.

• Atenas fue gobernada por Balcanes y en ella tenían la cuna donde nació la democracia.

Roma

• DEL LATÍN SALIERON VARIACIONES EXTREMEÑAS COMO EL PORTUGUÉS Y EL FRANCÉS.

• Los romanos se casaron porque estaban hartos de tanto luchar de frontera en frontera.

• Cuando los romanos estaban cansados por la buena vida decidieron conquistar Roma.

La Edad Media

• Durante la Edad Media aparecieron las facturas. La gente compraba, por ejemplo, un feudo, y dejaba una factura.

• Antes había mucha urbanización, pues cuantos más hijos tuvieras, más sueldo te daban.

• Hacia el año mil la población europea se dividía en castillos, señores y campesinos.

• En el tiempo medio había muchos incendios, porque nada más las iglesias y los palacios eran de hierro; las casas eran de madera.

• LAS IGLESIAS ESTABAN FORMADAS POR UN PAPÁ, UN OBISPO Y EL CARDENAL. ESTO ERA ALLÁ POR LOS AÑOS DE MIL Y QUINIENTOS, O ASÍ.

• En la Edad Media se empezó a hablar normal y aparecieron el catalán y el *cayego*.

• EN EL SIGLO XII LAS CIUDADES QUE ERAN FANTASMAS EMPEZARON A SER CIUDADES.

• En Europa las ciudades cada vez eran más grandes y había muchas ciudades y castillos a los cuales se entraba por la puerta principal. Así, la vida urbana se estuvo haciendo cada vez más moderada, con lo cual las ciudades se llenaron de universidades.

• En Europa, hacia el año mil, la gente no vivía en pueblos, sino en casas.

• En el siglo XII Europa tuvo un burgués, lo que suponía *un* B*urgos*.

• Las universidades eran catedrales especiales donde estaban Trivium y Cuadrivium.

• Los campesinos libres no tenían que pagar porque tenían las tierras en plena renta *per capital*.

• El cristianismo era la región más extensa del pueblo europeo en la Edad M*edida*.

• Las ciudades que tenían castillos tomaron el nombre de los castillos, como Castilla-La Mancha.

• Europa estaba rodeada de castillos y por eso se llamó Castilla. Incluso hubo un pueblo que cogió ese nombre y se llamó así.

• En el siglo XII el Papa mandaba *a callar* a los reyes.

• MUCHAS TIERRAS DE LA IGLESIA ERAN CATEDRALES, MONASTERIOS Y PARROQUIAS.

• Como en la Edad Media la vida era corta, tenían muchos hijos.

• La Iglesia era una institución política y económica fuerte. Por eso los papas estaban presentes en las *discotecas* de los reyes.

• Europa se empezó a poblar de universidades importantes, como la de *Sotorna* en *Parias*, a la que siguieron otras *comoxfor* y Salamanca.

• EN EUROPA, DURANTE EL AÑO MIL SE HABLABA EL BURGUÉS. LA GENTE VIAJABA MUCHO E IBA CAMBIANDO DE LENGUA A CADA RATO PARA PODER COMER.

• Los cruzados hicieron hoteles hospitalarios para los turistas que iban a Tierra Santa.

Los árabes y la Reconquista

• CALIFATO FUE SUSTITUIDO POR UN MOSAICO LLAMADO TAIFA.

• Cuando Alfonso VI murió le dejó las descendencias a sus hijos.

• Petronila se casó *de nupcia* con el Batallador Alfonso I, pero como su amistad era muy mala no pasó nada, y se separaron de sus reinos.

• Carlomagno fue el que creó la *banca hispánica*.

• Alfonso X el Sabio era más conocido como el rey *Catódico*.

• Cuando los aragoneses llegaron al Mediterráneo conquistaron Toledo.

• ALFONSO XI HUBIERA ATERRIZADO EN ÁFRICA DE NO HABER MUERTO ANTES.

• Al morir Alfonso XI, no dejó un heredero fijo.

• Los almorávides dieron un gran sobresalto a la cultura y al urbanismo.

• Mahoma, de joven, aprendió a vender carros y carretas en las *carámbanas*.

Los Reyes Católicos

• Al terminar la Edad Media las obras de los autores cristianos se extendían por ahí y empezaron a escribirse en un idioma vulgar, como el catalán.

• NAVARRA SE SUBIÓ A LA CORONA CON LOS REYES CATÓLICOS.

• Enrique el Navegante no hizo caso a Colón porque estaba liado con África.

• Los Reyes Católicos crearon el Templo de la Humanidad por la Santa Hermandad.

• Los Reyes Católicos crearon el Instituto de la Inquisición, para enseñar a los moros y judaizantes en él los documentos de los inquilinos que aterrorizaban a los judíos.

• En Europa, en el siglo XV, los países estaban rodeándose unos a otros.

Renacimiento y Humanismo

• A LOS HOMBRES INTELECTUALES SE LES LLAMABA HUMORISTAS, Y PENSADORES A LOS DEMÁS. PERO LOS HUMORISTAS SIEMPRE TENÍAN MÁS RAZÓN QUE LOS PENSADORES PORQUE ERAN MÁS INTELIGENTES.

• Los renacentistas se dirigieron a la tercera dimensión.

• El Renacimiento se inició en Italia en el siglo XV y *perdonó* hasta el siglo XVI.

• Los humanistas se enfrentaron a la tradición medieval que decía que los chicos tenían que hacer resúmenes y aprender algo de memoria. Y lucharon para que fuese de otra forma. Esto recibió una crítica personal.

• El heliocentrismo era la teoría a donde iban las personas de distintas religiones. Era un centro que predicaba y hablaba de cada religión.

Hegemonía española

• Felipe II fue *reclamado* rey.

• CON FELIPE II LA DISTENSIÓN ERA TENSA Y DISPERSADA.

• Felipe II era fundamentalmente rey de España, cosa que Carlos V no hizo.

• Felipe II fue rey de España, ya que fue coronado rey de Portugal.

• EL REY FELIPE II DIVIDIÓ EN VARIAS ETAPAS LA GRANDEZA DE SER; ES DECIR, SE ERA NOBLE, CAMPESINO O ETC.

• España en el siglo XVI tenía una economía lujosa, pues con la llegada de oro y plata de América todo se fue a una crisis.

• Burocracia era que los grandes cargos decidieron lo que tenían que hacer en España con los *estrangueros* y así los ricos tuvieron la oportunidad de estar sentados allí, porque la burocracia era una forma de gobierno o cargo político que se le administra a alguien. O bien era independiente, pues es un tipo de acción que cada uno tiene que permanecer con ese cargo.

• Burocracia era condado, país o ciudad mandado por un rey.

Reforma y Contrarreforma

• Indulgencia es cuando alguien no está de acuerdo con algo y lo rechaza.

• La gente pagaba los pecados con indulgencias.

• Los curas decían que uno era más cristiano por el dinero que tuviera o por lo que diera a la Iglesia. Sin embargo, los luteranos eran todos iguales ante Lutero.

• El celibato se lo inventó el clero. Permitía comunicarse al pueblo con las personas más poderosas y así hacer grandes contrarreformas tanto culturales como para el pueblo.

• Lutero tenía siete sacramentos y los redujo a dos: catecismo y eucaristía. Según él,cualquiera podía dar una misa sin orden. Más tarde hizo los sacramentos y los asumió él mismo; después se fue de calvinista porque no le permitieron formar la predestinación.

• EN ALEMANIA ALGUNOS ERAN CALVINISTAS, QUE VIENE DE CALVISMO, PUES SE TRATABA DE QUE IBAN AL CIELO PORQUE DIOS QUERÍA ASÍ. PERO COMO NO SE LLEGÓ A NADA EN EL CONCILIO DE TRENTO, HICIERON EL ENIGMA CATÓLICO, QUE CONSISTÍA EN QUE EL PERDÓN ERA PERDONADO POR LA FE DE LAS BUENAS OBRAS.

• En España hubo un Trento que quiso solucionar los problemas que tenía la Iglesia, pero la consecuencia de las indulgencias fue que Lutero estallara en tres reglas.

• Para los católicos se salvaban todos los sacramentos, pero para el protestantismo no se salvaba ni uno.

• SEGÚN COPÉRNICO, LA TIERRA CIRCULA ENTRE EL SOL Y DE LAS ESTRELLAS.

La Ilustración

• El Despotismo ilustrado se fue haciendo cada vez más pobre, hasta que desapareció.

• La Iglesia se puso a mandar en la sociedad y expulsaron a los jesuitas de España. Desde entonces a España la admitieron en las pequeñas culturas europeas.

El reinado de Felipe III

• Felipe III fue sucedido por su padre, porque Felipe II sucedió el trono a personas llamadas *válidos*.

• Entre los validos de Felipe III hubo uno que *sobresaltó* mucho de Lerma.

• La nobleza siguió siendo la más *impotente* de la comunidad.

• LA IGLESIA INTERIOR SE CARACTERIZÓ POR LOS CANALES Y CARRETERAS QUE FUNDARON Y LA IGLESIA EXTERIOR SE BASABA EN LOS DEMÁS PAÍSES.

El reinado de Felipe IV

• En el siglo XVII la Iglesia era un *auto* donde las personas iban.

• La guerra de los Treinta Años fue la más larga que hubo en España después de 30 años.

• Durante el siglo XVII los nobles siguieron estudiando económicas.

El reinado de Carlos IV

• CARLOS IV ESTABA DE NUEVE MESES CUANDO ESTALLÓ LA REVOLUCIÓN FRANCESA.

• Durante Carlos IV los responsables ilustrados sabían que había un buen campo agrícola. Lo que no les gustaba era que los agricultores trabajaran las tierras.

La Revolución industrial

• Con las máquinas se empezó a comer mejor.

• Los españoles quisieron inventar también unas máquinas, pero no fueron capaces porque el rey se opuso a que el pueblo fuera totalmente absolutista.

LOS MÁS PEQUEÑOS
(PRIMARIA)

CONOCIMIENTO DEL MEDIO

La vista

- Los órganos protectores del ojo son: la vista, el olfato, el gusto y el *tasto*.

El oído

• LA TROMPETA DE USTAQUIO UNE LA NARIZ CON EL OÍDO MEDIO.

- El conducto que une la nariz con el oído medio se llama *trampa* de Eustaquio.

- El caracol se halla en el oído entero.

El olfato

- El olfato se halla en la piel.

El sistema nervioso

• Los nervios están distribuidos por todo el cuerpo del propio cuerpo y del exterior.

• Los huesos del cráneo protegen al corazón.

El sistema reproductor masculino

• Los conductos deferentes desempeñan la función de hacer pasar el pipí.

• Los conductos deferentes comunican los testículos con los conductos *diferentes*.

El sistema reproductor femenino

• En las trompas de Falopio confluyen *el Falopio* y la trompa.

• EL EMBRIÓN SE COMUNICA CON LA PLACENTA A TRAVÉS DEL CONDUCTO AUDITIVO.

• La fusión entre el óvulo y el espermatozoide da lugar a las vesículas seminales.

• La función de la placenta es llevar los espermatozoides al óvulo.

• La cesárea es una raja en la barriga que se hace a la mujer porque el niño se pone al revés y entonces no puede *sobresalir*.

La boca

• Hay dos tipos de *diente*: el del ajo y el de la boca, pero yo sólo voy a explicar el de la boca.

La respiración

• EL CAMBIO DE GASES QUE SE PRODUCE EN LOS PULMONES ES CUANDO EN VEZ DE ECHARLOS POR LA BOCA LOS ECHAS POR EL CULO.

El ser humano y la ciencia

• Un microorganismo es un ser vivo que *asin prevista* no se deja ver.

El relieve y las costas

• A UNA MASA LLENA DE AGUA SE LE LLAMA CONTINENTE.

• Los océanos son *Mediterráneos* y parcelas.

• Las montañas se forman con la nutrición y la sedimentación.

El clima y los ríos

• Precipitaciones son la cantidad de agua que necesita el vapor de agua para caerse.

• Una vertiente es un conjunto de tierras que se juntan para irse juntas al mar o al río.

• Vertiente de un río es el conjunto de aguas cuyas tierras van a parar al mar.

Los ecosistemas

• UN ECOSISTEMA ES UN CONJUNTO DE HORMIGAS.

• El bosque es un ecosistema que está formado por vegetación y por muchos árboles *por el redeor*. A veces está *forrado* de vegetación.

• El ecosistema lo forman los seres vivos animados y *desanimados* que hay en un lugar.

• Supervivencia es cuando una hormiga no quiere comer y guarda su alimento para otra ocasión.

• Los carnívoros van siempre detrás de los herbívoros en la cadena alimenticia.

• La lombriz es un animal invertebrado que vuela.

Las plantas

• Los tubérculos son las raíces más bien torcidas, como los del rábano.

• La diferencia que hay entre la nervadura pinnada y la palmada está en que la pinnada no llega nunca a ninguna parte y la otra sí.

• La polinización directa se diferencia de la cruzada en que una es muy directa y la otra muy cruzada.

• UN FRUTO SECO SON LOS ESPAGUETIS, PERO SIN COCER.

Los animales

• Los animales acuáticos se fecundan por medio de aletas.

• Con la ganadería moderna se han mejorado las enfermedades de los animales, como la gripe, porque ahora se retienen las pestes y los olores del ganado.

La población

• La población activa se forma con los cartagineses y se agrupa en cartagineses y romanos.

• Los movimientos migratorios son plagas técnicas.

• Un censo es un preservativo.

El aprovechamiento de los recursos

• Las rocas blandas originan un relieve cálido y seco muy erosionable.

• Los cultivos del ovino más importantes son: bovino, porcino y caprino.

• La minería corresponde a los cultivos que necesitan agua de lluvia para subsistir.

La España septentrional

a) *El clima*

• El clima *temático* es el más característico de la España septentrional.

b) *Las costas*

• A veces el mar se introduce en Galicia y en la tierra nacen rías.

• La costa cantábrica tiene una vegetación muy rigurosa.

• La costa cantábrica va desde la desembocadura del cabo de Estaca de Bares hasta el río Miño.

• Esta costa depende de los cabos *peñas* y *machi chaco* de Ajo y se extiende desde el Bidasoa hasta un pico que se llama Estaca.

• El océano Atlántico baña las costas del océano Índico.

c) *El relieve*

• En la cordillera Cantábrica las montañas están *desgarriadas* por la atmósfera.

• La cordillera Cantábrica predomina con un caudal abundante.

• El relieve es una región donde predominan las montañas, las vacas, etc.

La España interior

a) *El relieve*

• El relieve de la España interior se da por el Norte de España.

b) *La hidrografía*

• El Tajo nace en los *Pies* de Urbión.

• Toro y Zamora son afluentes del Tajo por la derecha.

c) *La población*

• ENTRE LAS COMUNIDADES AUTÓNOMAS QUE FORMAN LA ESPAÑA INTERIOR ESTÁN: EXTREMADURA, LA COMUNIDAD FLORAL DE NAVARRA Y CASTILLA Y LEÓN.

• La ganadería en Extremadura es muy importante, porque los animales pueden comer, beber y dormir.

• La agricultura de secano es cuando los campos están secos y feos.

La España oriental

a) El *relieve*

• LAS ISLAS BALEARES SON BAJITAS DE ALTURA.

b) El *clima*

• En el clima mediterráneo el clima sube o baja de las montañas una veces sí y otras no.

• Durante el día la brisa marina sopla del mar a la tierra y por la noche al revés. Aunque según el aire que haga, también pueden ocurrir más cosas.

c) *La vegetación*

• En verano la vegetación es muy cálida y en el invierno más suave.

d) *La población*

• Las provincias que componen la Comunidad Valenciana, son: Castellón, *Venecia* y *Alicantes*.

España en Europa

a) *El relieve de Europa*

• El relieve europeo tiene una población de emigración.

• Europa limita al sur con los montes del mar *Cuáscaso*.

b) *La población*

• En Europa el turismo es muy personal.

• En la Europa meridional se está olvidando el trabajo.

• Decimos que el Estado Español es una monarquía porque se la encargaron a Juan Carlos I.

c) *La Unión Europea*

• LA UNIÓN EUROPEA PERSIGUE PODER ENTRAR Y SALIR LIBREMENTE SIN ENCONTRARSE CON NADIE.

• Además de conseguir una Europa unida, la Unión Europea pretende el *sisno* de la alegría y la melodía de *Betoven*.

Preguntas sobre tu comunidad autónoma

• ¿Qué pueblo dominaba en España cuando Extremadura recibió el nombre que tiene actualmente? ¿Qué significa Extremadura?

* El pueblo que dominaba era Madrid y lo que significa Extremadura es que tiene dos embalses llamados Cornalvo y Proserpina.

• ¿QUÉ SIGNIFICÓ PARA EXTREMADURA LA REFORMA ADMINISTRATIVA DE 1833? * QUE SE CAMBIÓ TODO Y TRAJERON UNA CAJA DE AHORRO.

• ¿Qué se inició a mediados del siglo XX en Extremadura?

* La guerra civil contra los *certas*.

El mundo en que vivimos

a) El *planeta azul*

• Los continentes son tierras y en cada uno hay un país como España, que ocupa toda Europa y parte de Asia.

• Los continentes pueden estar juntos o sueltos por el mar.

• La Tierra es una esfera que mide aproximadamente 400 metros y está *echada* por los polos.

b) *Los meridianos*

• Los meridianos están bajo 0.

c) *Los paralelos*

• EL ECUADOR ES CUANDO ESTÁS EN MEDIO DE LA TIERRA PORQUE NO SABES ADÓNDE IR.

• El ecuador manda calor a la Tierra.

• El ecuador sobrecalienta a todo lo que hay por allí.

d) *Latitud y longitud*

• La latitud varía según donde se coloque el Ecuador.

• LATITUD ES UNA RAYA EN VERTICAL Y LONGITUD OTRA RAYA, PERO EN HORIZONTAL.

• Latitud es lo que mide y longitud lo que mide de abajo hacia arriba, o al revés.

• La longitud y la latitud se diferencian en que la longitud es cuando sabes lo que mide algo y longitud cuando estás en la tierra y ves cómo late la tierra.

• La latitud sirve para medir debajo del agua y la longitud para medir en la Tierra.

• Latitud es una distancia muy alta y longitud una distancia más baja.

• La latitud se da en los meridianos, que son semicírculos cuyas extremidades dan lugar al día y a la noche.

La materia

• Las propiedades del estado sólido son que los sólidos elásticos se están quietos y los plásticos se quedan en su sitio.

• Según las propiedades del estado gaseoso los gases los podemos guardar en grandes cantidades en recipientes pequeños, como el butano, porque el butano se parece al butano y tiene la propiedad del butano.

• Si echamos arena en agua veremos que la arena se come al agua.

• Los gases son líquidos que no se ven.

• Hay gases que son compresibles y otros que son *incomprensibles*.

• EL PASO DE LÍQUIDO A SÓLIDO SE LLAMA SOLIDEFECACIÓN.

• Las características de los cuerpos sólidos, son: Frecuentemente y juntamente.

La energía

• La temperatura se mide con el metro de medir temperaturas.

• Los imanes *absuelven* a los metales como el *hilo*.

• Cuando un rayo de luz llega a un medio transparente pasa que las plantas se sintetizan por haber perdido el color.

• Si un rayo de luz llega a una lente convergente se vuelve más gordo porque se ve más alto.

> • LOS RAYOS DE LUZ CUANDO LLEGAN A UNA LENTE CONVERGENTE SIGUEN PARA LANTE SIN PARARSE, COMO SI TAL COSA.

• Las energías renovables no permiten que las mueva el viento y las no renovables depende del viento.

LENGUAJE

La oración y otros conceptos

> • CLASIFICA LA ORACIÓN «¿SABÉIS ALGUNO SU NÚMERO DE TELÉFONO?»
>
> * ADMINISTRATIVA AFIRMATIVA.

• Di qué significa el prefijo «bi» en la palabra bimodal.

* Que no tiene modales o que está bajo de *modal*.

• Analiza el determinante «veinte».

* *Cardenal* ordinario.

• Forma una frase con la palabra «equitación».

* Yo tengo una parte del cuerpo que se llama equitación.

* La muñeca es una equitación.

• Analiza el sustantivo «panadería»

* Panadería es una palabra *derribada*.

• Escribe una oración donde aparezca «pez sierra».

* El pez sierra murió ahogado.

• Escribe dos oraciones con el sustantivo «soberbia».

* La soberbia se casó con el conde con un traje muy bonito.

* La soberbia se fue al cine con su amigo.

• En el lenguaje coloquial, ¿qué significa «salir zumbando»?

* Significa que un señor salió con los ojos morados.

• Escribe una oración con el infinitivo «susurrar».

* La lechuza susurró cuando la cogieron.

• Escribe una oración con el infinitivo «fallecer».

* El establecimiento se cerró por fallecimiento del público.

• Clasifica sintácticamente la oración «¿Vienes o te quedas?»

* Preguntativa afirmativa.

• ¿Qué diferencia hay entre cuento y novela?

* Que el cuento se lee y la novela se ve.

Comentarios de texto

Yo voy soñando caminos
de la tarde. ¡Las colinas
doradas, los verdes pinos,
las polvorientas encinas!...

(Antonio Machado, *Soledades*)

• Escribe los nombres de árboles que aparecen en la estrofa siguiente:

* Colinas, pinos, polvorientas y encinas.

• Escribe tres tipos de proyectiles que se citen en el texto de Julio Verne *De la Tierra a la Luna*.

* Ingleses, franceses y prusianos.

• Describe estos dos animales con cinco adjetivos (uno de ellos es un loro que tiene un parche en el ojo izquierdo).

* El loro es feo, verde, *ojotapao*, chinchorrero y gordo.

«Le dije cuánto me gustaba su casa. Me informó que pasaba allí los sábados, los domingos y todos los días de asueto. "Me llevo muy bien con mi mujer", agregó. Precisamente, su mujer se reía con María. Por primera vez, quizá, pensé verdaderamente en que iba a casarme.»

(Albert Camus, *El extranjero*)

• ¿Qué parentesco une a los amigos de Raimundo?

* El mar y la playa.

* Los sábados y domingos.

«[Efrén] era un muchacho de unos trece años, alto y robusto, que estudiaba el bachillerato en la ciudad. [...] tenía unos puños rojizos, pesados como mazas, que imponían un gran respeto.»

(Ana Mª Matute, «Los chicos»)

- Describe a Efrén.

    * Efrén era un chico robusto y con manos rojizas que estudiaban bachillerato.

• ¿A QUÉ GÉNERO PERTENECE EL TEXTO DEL LAZARILLO DE TORMES QUE ACABAS DE LEER? * AL MASCULINO SINGULAR.

• Explica el refrán «Más da el duro que el desnudo».

* Que el que tiene un duro puede comprar lo que sea, mientras que el que está desnudo no puede comprar nada porque no lleva monedero encima.

«Y Daniel, el Mochuelo, sabía que por aquellas calles cubiertas de pastosas boñigas y por las casas que las flanqueaban pasaron hombres honorables, que hoy eran sombras.»

(Miguel Delibes, El *camino*)

• ¿Qué flanqueaban las casas?

* A las pastosas boñigas.

• Explica la expresión «hombres honorables, que hoy eran sombras».

* Que los hombres honorables del pueblo ahora daban sombra a los demás.

• Resume el cuento de *La Cenicienta*, que acabas de leer.

* Un día la madre de Cenicienta se le murió y se fue a casar con otra mujer, y cuando el padre se murió la *padrastra* los puso *de servir*.

«*Mujer*: Mira, marido... ¿Sabes qué he pensado?... Yo cogeré las aceitunas, tú las traerás con el burro, y Mencigüela las venderá en la plaza... ¡Y no me vendas el celemín a menos de dos reales castellanos!

Marido: ¡Pero qué cargo de conciencia!... ¡A catorce dineros y ya es bastante!»

(Del paso «Las aceitunas»,
de Lope de Rueda. Adaptación)

• ¿Cómo crees que es el carácter de cada uno de los personajes?

* La madre tenía un carácter caro.

• En el texto, la hija, Mencigüela, dice: «A como quisiéredes, padre.» ¿Cómo diríamos nosotros ahora las palabras de Mencigüela?

* Haz como si fueras padre.

La luna en el mar riela,
en la lona gime el viento,
y alza en blando movimiento
olas de plata y azul.

(Espronceda, *La canción del pirata*)

• Explica el segundo verso.

* Que la lona sigue al viento para ir más deprisa.

FRASES TOMADAS DE REDACCIONES

La lluvia

• Hay que respetar la lluvia porque es muy buena para la salud.

• Esta historia empieza por una planta que no llovía.

El verano

• El mes de agosto me fui una semana a la playa con mi padre de Matalascañas.

Una descripción

• La señora era muy rara: llevaba gafas antiguas, el vestido del *ano* de la Polca y calcetines *desflorados*.

Un sueño

• AQUEL DÍA ME DESPERTÉ TRANQUILAMENTE DE LA CAMA Y LUEGO ME LEVANTÉ.

Mi hermano

• Mi hermano es bueno, pero el otro día le pusieron una multa por haber *influido* el tráfico.

El otoño

• EL OTOÑO LLEGA CON SUS GIGANTES LLUVIAS Y LAS HOJAS SE CAEN RESPECTIVAMENTE.

• En otoño los árboles están desplumados y las personas tienen que ponerse todo los *prescidible*. Y *mientas*, el viento acaricia las hojas fallecidas.

• Noviembre es uno de los meses de octubre y octubre es también otro de los meses de octubre.

Una excursión

• Un día fuimos al cementerio de los militares que murieron *en* una bomba que cayó en un pueblo.

• En aquel lago había patos con una casita cada uno para dormir y un restaurante.

Los árboles

• Los árboles sufren a veces quemaduras.

• La hoja caduca es la que se *te* cae en otoño.

• Los árboles son un alimento para vivir por sí mismos.

Los animales domésticos

• Los animales domésticos tienen que divertirse, porque si no no se divertirían.

• El burro es un animal doméstico por su forma de ser.

• Los animales domésticos son unos perros o animales de otra clase.

• Estos animales tienen una inteligencia muy lista y por eso necesitan un cariño natural.

• HAY MUCHAS CLASES DE ANIMALES DOMÉSTICOS: EL CABALLO, EL TIGRE, EL LEÓN, LA SERPIENTE, EL ELEFANTE, ETC.

Mi familia

• En mi familia somos ocho: mis seis hermanos y mis dos padres.

• Mi familia es muy alegre los días de fiesta, pero muy seria los días de diario.

• Las familias pueden ser de muchas maneras, como familias numerosas y familias únicas. Pero mi familia no es ni numerosa ni única. Además de hermanos, tengo un perro y once peces.

• Para mí, la familia es un amor entre sí.

• ÉRASE UNA VEZ UNA FAMILIA QUE ERAN OCHO LOS PADRES Y SEIS LOS HIJOS E HIJAS.

• Una familia es una persona familiar a otra. Por eso yo y mi hermana somos dos.

La Navidad

• La noche de Navidad me puse mala con el estómago de gripe.

• La Navidad es un bonito año que nieva en varios sitios.

Los libros

• UN LIBRO CONSTA DE TÍTULO, AUTOR Y HOJAS.

• El libro es una pasta con hojas escritas y sueltas.

• En los libros al final siempre te ponen la firma de quien lo ha hecho y a eso se llama autor.

• El libro es una reunión de hojas impresas, que se han *conseguido* o encuadernado con cubiertas de cartón, *pegamino* y otros *cubiertos* que forman un volumen.

• Los libros gordos no me gustan porque son gordos.

• LOS REYES ME HAN ECHADO UN DICCIONARIO DE PALABRAS Y DE ANÓNIMOS.

• Las hojas de los libros suelen ser de madera o plástico.

Mi habitación

• Las paredes tienen un armario que se me olvidaba y una mesilla con una lámpara de una muñeca.

• En el escritorio están: la máquina de escribir, las huchas, la plancha moldeadora, donde guardo los libros de la escuela, el secador y las camisas.

El Día de la No-Violencia y la Paz

• La paz sirve para que haya guerras.

• Cuando Adán y Eva fueron echados del paraíso, sus hijos Caín y Abel encontraron la violencia.

Mi clase

• En ella hay un cuadro de los Reyes y una cruz de madera de Dios.

• EN MI CLASE ESTAMOS VEINTICINCO MESAS, VEINTICINCO ALUMNOS Y UNA PUERTA.

Los carnavales

• Otro año más ha venido el Carnaval, pero esta vez no ha venido solo, se ha traído una especie de circo con él.

La Semana Santa

• En Semana Santa van por las calles cofradías haciendo *proposiciones*.

• Sale una procesión con Jesús con la Virgen María al hombro.

• EN SEMANA SANTA, SI SALIMOS A LA CALLE NOS ENCONTRAMOS CON JESÚS, CON LA VIRGEN Y CON OTROS SANTOS MÁS.

• En Semana Santa podemos ver a la Virgen, a los últimos de la fila de los nazarenos, a la Virgen María y a Dios por las calles que los llevan unos hombres que se llaman pasos.

• Unas procesiones salen de *la* Santa Eulalia, otras de *la* Santa María y otras de la Pinta.

• Una vez mi padre hizo de paso con otros pasos.

• DESPUÉS DE ESOS DÍAS DE SEMANA SANTA NOS ESPERABA EL COLEGIO SIN NINGUNAS GANAS.

• En Mérida salieron muchos pasos: Jesús de Nazaret y la Virgen Dolores, y señoras vestidas de luto.

Un partido de fútbol

• Al poco tiempo se volvieron a oír dos goles juntos del Milán.

El campo

• El campo está lleno de árboles frutales por todas partes: peras, manzanas, sandías y melones.

Tema libre

• Cuando murió Lola *Flore*, a los cuatro días le entró una *sobredosi* a su hijo Antonio y murió.

Un accidente

• Buscamos un teléfono por todos los sitios, hasta que lo encontramos *endetrás* del bolsillo del muerto.

• Al muerto lo metieron en un baúl con ambulancia negra.

• No se olvidaron de que su hijo había muerto, ya que iban a limpiarlo al cementerio casi todos los días.

• Cuando murió su hijo, Ana empaquetó todo: cables, herramientas, *postes* de chicas casi desnudas, etc.

Las elecciones

• Cuando nosotros vamos a votar debemos meter el sobre con la persona elegida en una urna.

Un mundo fantástico

• En ese mundo había coches que se sumergían en el agua sin ahogarse.

RELIGIÓN

La Iglesia católica

• La Iglesia católica cree también en otras religiones, aunque sea el mismo Dios quien manda en ellas.

• La Iglesia piensa que quien no sabe nada de Jesús no es de otra religión.

• La Iglesia anuncia lo bueno que tiene la Iglesia.

• La Iglesia está formada por Cristo y todos los que van detrás de Él.

• LA IGLESIA ES UN NUEVO INVENTO DE DIOS.

• Llamamos iglesia a la comunión de los santos porque es el sitio donde todos los cristianos tomamos la comunión. También porque los santos fueron los que hicieron las iglesias para hacer que los cristianos creyentes se unieran a la parte más importante que es la cabeza.

• Decimos que la Iglesia es santa porque ya sabemos que es una santa y porque algunos de sus hijos llevan en la Tierra una buena vida.

El pecado original y otros pecados

• AL PECADO DE ADÁN Y EVA SE LE LLAMÓ ORIGINAL PORQUE FUE UN PECADO QUE NO TENÍA IMPORTANCIA.

• El pecado de nuestros primeros padres consistió en que Adán recibió un *atentado* del diablo.

• Los pecados veniales nos llevan al *pulgatorio*.

Jesús

• A Jesús lo llevaron hasta la casa de Goliat.

• La Creación será liberada definitivamente del mal y de la muerte cuando Jesús nos libere del sacrificio que representa hacer el mal a los hombres.

• Jesús envió a San Pablo a predicar no sólo su palabra, sino también los Evangelios.

• En la pared tenemos colgado a Jesús, junto a la mesa del maestro.

• JESUCRISTO ES UN VERDADERO DIOS PORQUE NACIÓ DE SER PADRE.

Abraham

• Dios mandó a Abraham un pequeño sacrificio: que matara a su hijo Isaac.

• Abraham nació en la URS.

• LA HISTORIA DE ABRAHAM FUE CONTADA POR GÉNESIS.

• Dios prometió a Abraham que tendría familia numerosa y las tierras de *Canadá*.

Moisés

• Moisés fue un patriarca juvenil.

• Moisés fue una persona que ayudaba a las personas y a sí *misma*.

• Moisés soñaba con vacas y con espigas por las noches.

• Cuando nació Moisés el faraón mandó matar a todos los niños hebreos para que murieran.

• Como no dejes salir a mi pueblo, ¡oh, Faraón! —dijo Moisés—, te mandaré más *pagas*.

• Moisés tenía diez plagas en E*gito* y dio unas plagas al rey.

El pueblo de Israel

• Cuando los israelitas salieron de Egipto se llevargon el *Decágono* en el Arca de la Alianza.

• En la última plaga los israelitas se comieron a un becerro bien vestido y de pie.

• DURANTE EL ÉXODO, LOS ISRAELITAS FUERON ENCONTRANDO TROZOS DE PAN POR EL DESIERTO.

• Los israelitas, cuando llegaron a la tierra prometida, vieron que no era lo que ellos pensaban.

• Israel hizo una alianza de *infidelidad* con Dios.

• El reino de Israel se dividió en dos porque había un rey que no sabía gobernar y entones lo dividieron en dos, que se llamaron Israel y Jerusalén.

• La principal experiencia del pueblo de Israel durante el cautiverio de Babilonia fue que Dios siguió teniendo fe en la llegada del Mesías.

Salomón

• Salomón fue fiel a Dios, pero al final se apartó de Dios y creó una *dioptria*.

• Salomón hizo una idolatría.

• Salomón fue culto con Dios, por eso ayudó a sus amigos, a Dios y a Moisés. También fue cuerpo y alma de Jesucristo.

La Biblia

• La explicación que nos da la Biblia del misterio del mal es que la Biblia da a luz el misterio del mal.

• La Biblia es un conjunto de libros que cuando los escribieron se los dieron a la Biblia.

> • EL NUEVO TESTAMENTO REÚNE LAS PREDICCIONES QUE JESÚS HIZO A LOS HOMBRES.

• David construyó un templo y se llamó rey David. La Biblia dice que después de acostarse con una mujer, lloró amargamente y escribió cincuenta salmos más.

La Pascua

• La Pascua es el paso de Dios por su pueblo haciendo profetas.

• Dios celebra la Pascua desde que Moisés la hizo.

• La palabra «Pascua» significa que es una fecha en la que tenemos que hacer casi todo lo que nos ordenan los Mandamientos.

El Papa

• El Papa es el *individual* de todas las Iglesias y el que pone a los obispos a mandar rebaños.

• EL PAPA ES EL SUCESOR DEL APÓSTOL DON JUAN.

Los apóstoles

• Jesucristo escogió a los apóstoles para que cada uno fuera una columna en el templo de Dios.

• Jesucristo escogió a sus apóstoles para edificar una iglesia sobre ellos.

• San Pablo escribió inspirado por el Espíritu Santo cuarenta cartas y 9 *epistetos*. Más tarde fue decapitado en Nerón.

• San Pablo nació en Tarso. Hebreo por nacimiento y religión recibió enseñanzas judías. [Así decía el libro de texto.] Pero un alumno puso: E*mbreó* por nacimiento y religión, recibió enseñanzas *jodías*.

El bautismo

> • JUAN EL BAUTISTA IBA SIEMPRE DE RÍO EN RÍO POR SI TENÍA QUE BAUTIZAR A ALGUIEN.

• Los efectos del bautismo son que nos quitamos de encima el pecado original y llamamos así a la puerta de la santidad.

• La liturgia del bautismo consta de conflictos del matrimonio.

• El bautismo fue instituido por San Pedro, en el bautismo de Noé.

• El bautismo lo instituyó Jesucristo estando de pie con los 12 apóstoles.

Miscelánea

• El Espíritu Santo vino sobre los apóstoles el día de Pentecostés, después de haber cogido fuerzas con el Espíritu Santo.

> • LA PALESTINA IBA DE UN LADO A OTRO EN CAMELLO.

• Los romanos echaban a los cristianos a los leones para que se arrepintieran.

• Una herejía es una especie de corona para los herederos del palacio.

• El verdadero camino para construir el mundo es el amor y el espíritu *sanitario*.

• El hombre no fue fiel al plan creador de Dios porque pecó en justicia y *sanidad* y se multiplicaron por la Tierra.

• El cristiano debe hacer en el mundo la introducción al Espíritu Santo.

• Los jueces fueron nombrados por Dios para salvar al pueblo de los momentos difíciles.

• EN BABEL SE CONFUNDIERON DE LENGUA.

• La tentación es tentada por el demonio para hacer el mal.

• La tentación es el deseo de algo bueno que nos viene de nuestros primeros padres.